MÉMOIRES

DE

L'ACADÉMIE DES SCIENCES

BELLES-LETTRES ET ARTS

DE SAVOIE

HISTOIRE DE L'ACADÉMIE

ET

TABLES DES MATIÈRES

DES

QUARANTE-DEUX PREMIERS VOLUMES

PAR

M. Louis PILLET

VICE-PRÉSIDENT DE L'ACADÉMIE

Officier de l'Instruction publique, Chevalier de l'Ordre des SS. Maurice et Lazare

Membre de plusieurs Sociétés savantes

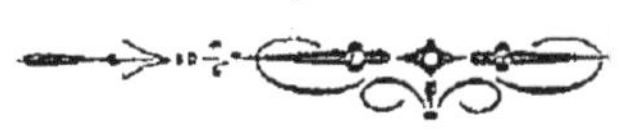

CHAMBÉRY

IMPRIMERIE SAVOISIENNE, RUE DU CHATEAU

1892

HISTOIRE

DE

L'ACADÉMIE DES SCIENCES

BELLES-LETTRES ET ARTS

DE SAVOIE

HISTOIRE

DE

L'ACADÉMIE DES SCIENCES BELLES-LETTRES ET ARTS DE SAVOIE

De 1820 à 1860

SUIVIE DES TABLES DES TRENTE-SIX PREMIERS VOLUMES
DES MEMOIRES
ET DES SIX PREMIERS VOLUMES DES DOCUMENTS

Par M. Louis PILLET,

Vice-Président de l'Académie,
Officier de l'Instruction publique, Chevalier des Saints Maurice et Lazare,
Membre de plusieurs Sociétés savantes

CHAMBÉRY
IMPRIMERIE SAVOISIENNE, RUE DU CHATEAU

1891

HISTOIRE

DE

L'ACADÉMIE DES SCIENCES

BELLES-LETTRES ET ARTS

DE SAVOIE

L'Académie de Savoie a été fondée en 1820, il y a soixante et dix ans. Les membres fondateurs sont tous morts ; un grand nombre de leurs successeurs les ont déjà suivis, depuis longtemps, dans la tombe.

Avant que l'oubli ne se fasse sur les noms et sur les travaux de ces hommes dévoués à leur pays, c'est un devoir pour nous, rares survivants de cet âge, de recueillir et de conserver les exemples qu'ils nous ont laissés.

Sans prétendre rivaliser avec les Sociétés scientifiques et littéraires des grandes cités, notre Académie des sciences, belles-lettres et arts, a eu sa part d'influence dans le territoire restreint de la Savoie. Chambéry était alors une petite capitale du duché. Des hommes distingués s'y trouvaient réunis, ils y formèrent le centre d'un cercle intellectuel fort remarquable.

Bien que les circonstances politiques soient changées aujourd'hui, et que l'importance de Chambéry, simple chef-lieu d'un département obscur, soit fort diminuée, nous aimons à croire que l'Académie de Savoie survivra à ces changements, qu'elle continuera, pendant des siècles encore, à rendre des services à notre pays. Nos arrière-neveux, nos successeurs, seront certainement désireux de connaître les origines modestes de notre Société, ils nous reprocheraient de ne pas leur en avoir transmis au moins quelques souvenirs.

C'est d'ailleurs là, pour une grande part, l'histoire littéraire de notre Savoie pendant ce siècle. Le nom d'histoire n'est pas exclusivement réservé au récit des batailles ou des événements politiques ; il ne suppose pas nécessairement le dépouillement de parchemins et papiers jaunis dans les archives. L'histoire au contraire et surtout l'histoire littéraire s'écrit plus fidèlement par les contemporains, qui ont connu et apprécié les hommes dont ils ont à raconter la vie, au moment où la critique impartiale commence à se prononcer sur leurs personnes et sur leurs travaux.

Je n'ai pas la pensée de composer la biographie complète de tous les membres qui ont fait partie de l'Académie de Savoie, *résidants, non résidants, associés* et *correspondants*. Ce serait au-dessus de mes forces, et, d'ailleurs, pour beaucoup de savants étrangers agrégés à ces divers titres, ce serait sortir de l'histoire littéraire de la Savoie, qui est l'objet spécial de mon travail. Je ne parlerai donc que des membres *effectifs résidants*.

Je les passerai rapidement en revue, en commençant par les vénérables ancêtres et fondateurs de notre Académie. Je suivrai l'ordre de date de leur réception, en donnant une courte notice sur les œuvres de chacun d'eux.

Je voudrais prouver qu'il y eut de tout temps à Chambéry une pléïade d'hommes distingués, laborieux, dévoués à leur pays. Je désire que leur exemple nous encourage, qu'il stimule ceux qui viendront après nous, et qu'ils nous prouve que, même sur une très petite scène, on peut acquérir des droits à l'estime et à la reconnaissance de ses concitoyens.

CHAPITRE Ier

NAISSANCE DE LA SOCIÉTÉ ACADÉMIQUE

Dans le courant de l'année 1819, après que la paix eut été rendue à l'Europe, et que la Savoie fut revenue tranquille sous le sceptre de ses anciens rois, quatre hommes s'étaient concertés à Chambéry pour y créer une Société scientifique et littéraire.

Leurs noms, leurs positions sociales étaient bien en rapport avec la vie de Chambéry à cette époque.

C'était d'abord un représentant de la vieille noblesse de Savoie, et tout naturellement un ancien militaire, le général comte de Mouxy de Loche. Ne dirait-on pas le personnage du *comte* dans les soirées de Saint-Pétersbourg ?

Puis un membre de la noblesse de robe, moins antique, mais non moins illustre par ses alliances de famille et par sa distinction personnelle. Le sénateur Xavier de Vignet représente, à mes yeux, le *sénateur* du chef-d'œuvre de Joseph de Maistre.

M. Georges-Marie Raymond, professeur, homme de science, plein d'ardeur et de dévouement, représentait dans ce petit cénacle, la bourgeoisie, le *chevalier* de Saint-Pétersbourg.

Mais un élément qui ne comptait pas dans la Société en Russie, devait avoir une place d'honneur dans les conférences scientifiques de Chambéry, en l'an 1819 : cet élément, c'était le clergé. Il avait un excellent représentant : le jeune chanoine Billiet, vicaire général, alors professeur au Grand-Séminaire.

Nos quatre collaborateurs, dans leurs séances préparatoires, avaient posé les bases d'une Société académique, en avaient rédigé le règlement, et avaient même dressé la liste des personnes qui devaient en former le premier noyau. On ne peut qu'admirer le tact parfait, la sagesse dont ils font preuve dans le court préambule où ils rendent compte de leurs premières réunions, en tête du premier volume des *Mémoires* de la Société naissante.

Ils s'adjoignent, dès le premier jour, M. le chevalier de Vignet cadet, le chanoine Rendu, professeur au collège royal, les docteurs Guilland et Gouvert.

Nous allons passer en revue la vie de ces huit ouvriers de la première heure, membres fondateurs de la Société académique de Savoie.

Comte François DE MOUXY DE LOCHE

Le comte François de Mouxy de Loche est né à Grésy-sur-Aix, le 29 janvier 1756. Il débuta dans la carrière militaire comme sous-lieutenant dans le régiment provincial de Tarentaise, puis comme lieutenant dans la légion des campements. En 1786, il fut promu au grade de capitaine de grenadiers ; c'est à cette époque que son goût pour l'histoire naturelle se développa et qu'il publia ses premiers écrits ; six ans plus tard, la Société royale d'agriculture de Turin le reçut au nombre de ses membres.

La Révolution vint interrompre ses travaux scientifiques et le força de prendre une part active aux événements. Le général Strasoldo lui donne un jour l'ordre d'occuper, avec deux compagnies de grenadiers et trois compagnies de milices, le poste d'Isola, près du col de Sainte-Anne. Quoique attaqué par un corps français bien supérieur en nombre, il lance ses troupes et combat avec elles jusqu'au moment où une balle vient lui labourer la jambe. Les soldats sont alors forcés de battre en retraite. Quelques mois après, le capitaine de Loche, guéri de sa blessure, reprend du service et se distingue encore dans plusieurs combats. En 1795, il passe dans le service des places, et reçoit successivement le commandement des villes de Mortara et d'Aqui. En 1798, sur l'ordre du roi, il remet cette dernière place aux Français, et vient résider à Turin. Là, M. Aymar, commissaire du Directoire, lui offre les plus belles *positions*, entre autres celle de chef d'état-major du général Grouchy. Le capitaine de Loche refuse tout, préférant une *position* des plus modestes aux avantages qui pouvaient lui être faits par un gouvernement ennemi de celui de son roi. Antérieurement, la nation considérant qu'il était resté au service du *tyran sarde*, avait confisqué tous ses biens en Savoie et l'avait porté sur la liste fatale des émigrés. Ne pouvant donc avoir la consolation de rentrer dans son pays, il resta à Turin, poursuivant ses études sur l'apiculture, l'entomologie, l'agriculture et l'archéologie, jusqu'en 1805. Alors il lui fut enfin permis de revenir à Chambéry, où, en attendant des jours meilleurs, il travailla avec une nouvelle ardeur, et fut reçu membre de la Société des naturalistes de Genève. Le voisinage d'Aix lui suggéra aussi l'idée d'étudier les antiquités de cette ville ; il réunit alors les matériaux qu'il publia plus tard dans diverses notices.

En 1814, le roi de Sardaigne, voulant récompenser son fidèle dévouement, le nomma commandant du duché et de la ville d'Aoste. Il occupa ce poste important de manière à mériter les éloges de son souverain, jusqu'au moment où il prit définitivement sa retraite. Elle lui fut accordée avec le grade de major-général et la décoration des Saints Maurice et Lazare, par patentes royales du 30 avril 1817.

La ville d'Aoste, si intéressante par ses antiquités, avait fourni au général de Loche un nouvel aliment à son goût pour l'archéologie ; rentré dans la vie privée, il rédigea sur cette province une notice qui fut, par la suite, publiée dans les Mémoires de l'Académie de Turin.

C'est alors qu'il entreprit de doter son pays d'une Société analogue à celle dont il avait fait partie à Turin ; de concert avec trois de ses amis, Mgr Billiet, M. de Vignet et M. Raymond, il créa, en 1819, la *Société royale académique de Savoie*, ainsi que nous l'avons déjà raconté.

Pendant dix-sept années consécutives, le général de Loche fut président de cette Société jusqu'au jour de sa mort, au 4 mars 1837.

En 1825, il contribua aussi à la création de la *Chambre d'agriculture et de commerce de Chambéry*, dont il accepta la vice-présidence.

Il a laissé par son testament à la Société royale académique un legs de 3,000 francs, dont le revenu devait être employé à décerner un prix quinquennal à l'auteur du meilleur mémoire au choix de l'Académie. Pour le premier concours, le testateur indiquait le sujet suivant : *De l'Amour du bien public considéré dans l'intérêt particulier*. Aucun des Mémoires présentés dans trois essais consécutifs n'ayant été jugé satisfaisant, l'Académie fut forcée de renoncer à ce thème, elle y substitua un concours quinquennal sur un sujet laissé au choix du concurrent, mais relatif à l'histoire de la Savoie.

Sociétés savantes dont le général de Loche était membre.

Académie agricole de Turin (reçu le 4 février 1792).

Société des naturalistes et des beaux-arts de Genève (5 mars 1805).

Académie royale des sciences de Turin (27 janvier 1819).

Société royale académique de Savoie (23 avril 1820).

Chambre d'agriculture et de commerce de Chambéry.

Commission royale de diplomatique (4 mai 1823).

Académie royale des beaux-arts de Paris (10 mai 1826).

Académie des belles-lettres, sciences et arts économiques de la vallée Tibérienne de Toscane (12 juillet 1833).

Société d'encouragement pour l'industrie de Turin (25 mai 1836).

Société entomologique de France (16 novembre 1836).

Société d'agriculture de Genève (26 novembre 1836).

Députation pour les études sur l'histoire nationale (brevet royal du 20 avril 1833).

Écrits publiés par le général de Loche.

Histoire naturelle.

1. *Mémoire entomologique contenant diverses observations sur le vol des insectes.* (In-8°, 1790.)

2. *Observations diverses sur les insectes.* (Mémoires de l'Académie de Turin, t. I, p. 127.)

3. *Entomologie, Papillons du Piémont.* (*Ibid.*, t. I, p. 139.)

4. *De la Culture des abeilles dans le département du Mont-Blanc.* (Annuaire de ce département, 1806, p. 93.)

5. *D'une Résine employée par l'abeille dans la construction de ses gâteaux.* (Mémoires de l'Académie de Turin, t. III, p. 123.)

6. *Culture de l'abeille.* (Mémoires de la Société académique de Savoie, 1820.)

7. *Des Causes qui déterminent les abeilles à construire leurs gâteaux parallèlement sur des plans verticaux, en ligne droite et selon des dimensions déterminées.* (Mémoires de l'Académie de Turin, t. XXV, p. 171.)

8. *De l'Abeille chez les anciens.* (Mémoire de l'Académie de Savoie, t. IV, 1829.)

9. *Traité général de l'abeille.* (1829.)

10. *Mémoires sur la génération des abeilles mâles,* 1823.

11. *Essai sur cette question : Quels sont les moyens les*

plus convenables pour propager la culture de l'abeille dans les pays montueux, tels que la Savoie. (Annales de la Chambre d'agriculture et de commerce de Chambéry, 1836).

12. *Mémoire sur les abeilles et principalement sur la manière de faire les essaims.*

13. *De la Culture des abeilles sur les Alpes et dans les pays voisins.*

14. *Mémoire relatif aux cires de France, lu à la Société d'agriculture de Paris.* (1806.)

15. *Recherches physiologiques sur les abeilles.*

Histoire et archéologie.

16. *Lettre sur une horloge antique trouvée à Aix-les-Bains.* (Mémoires de l'Académie de Turin, t. III, p. 3.)

17. *Recherches historiques sur les monuments d'Aix.* (Mémoires de l'Académie de Savoie, t. III, p. 399.)

18. *Notice sur la vallée d'Aoste.* (Mémoire de l'Académie de Turin, t. XXV, p. 27.)

19. *Mémoire sur l'histoire de la cité d'Aoste.* (*Ibid.*, p. 45.)

20. *Du Poudingue employé par les Romains à la construction des monuments de la cité d'Aoste.* (1815.)

21. *Dissertation sur le nom de la ville d'Aix en Savoie.*

22. *Recherches de monuments antiques en* Savoie. (Mémoires de l'Académie de Savoie, t. I, p. 237.)

23. *Deux Notices relatives à la géographie ancienne, avec une dissertation sur le nom de Sabaudia et sur les Centrons.*

24. *Eaux thermales d'Aix considérées sous des rapports autres que ceux de guérir.* (*Journal de Savoie*, 1819.)

25. *Notice sur la briqueterie des anciens appliquée à l'art de construire en Savoie.* (*Ibid.*, 1822.)

26. *Notice sur un caducée de bronze trouvé à Lémenc.* (Mémoires de l'Académie, t. II, p. 327.)

27. *Recherches sur l'époque où furent édifiés les monuments d'Aix en Savoie.* (1827.)

28. *De quelques usages en Savoie.* (Mémoires de l'Académie, t. III, p. 445.)

29. *Notice archéologique sur un ancien baudrier de bronze.* (*Ibid.*, p. 246.)

30. *Mémoire sur les souterrains des anciens bains romains d'Aix en Savoie.*

Agriculture. — Industrie.

31. *Mémoire sur les améliorations à procurer aux habitants des Alpes.* (Publié en 1823.)

32. *De la Restauration des bois.* (Lu à l'Académie de Savoie, 1824.)

33. *Discours contenant un aperçu de l'état de l'industrie en Savoie.* (*Ibid.*, 1827.)

34. *De la Récolte des foins el de la moisson.* (Annales de la Chambre d'agriculture de Chambéry, vol. I, p. 97.)

35. *De l'Emploi des vaches aux labours et aux charrois.* (*Ibid.*, p. 127.)

36. *Du Robinia ou faux acacia et de quelques autres arbres forestiers.* (*Ibid.* p. 167.)

37. *Du Sarrazin ou blé noir.* (*Ibid.*, p. 268.)

38. *Du Dessèchement des champs sur un sol humide.* (*Ibid.*, p. 347.)

39. *Du Dessèchement des marais en Savoie.* (*Journal de Savoie,* 15 avril 1830.)

Divers.

40. *L'Assiette,* poème du chevalier de Laustra, traduit de l'italien par le général de Loche.

41. *Mémoire sur l'esprit des ordres d'architecture.*

42. *De la Translucidité apparente ou observations sur un phénomène appartenant à l'harmonie du concours des yeux appliquées à l'art du dessin.* (Mémoires de la Société académique, II, p. 252.)

A cette biographie que j'emprunte presque textuellement à l'*Histoire de Grésy-sur-Aix,* publiée par le comte Jules de Mouxy de Loche, je me fais un plaisir d'ajouter un extrait d'une délibération de l'Académie, en date du 20 juin 1828 :

« M. Marin invite la Société à prier M. le comte de Loche, son président, de vouloir bien se retirer un instant, ayant à faire une proposition qui le concerne personnellement. M. le président s'étant retiré, M. Marin prend la parole, dit que la Société doit à M. le comte de Loche, son fondateur, un témoignage particulier de considération, d'intérêt et de reconnaissance pour le zèle qu'il a mis à la création d'une institution, aux travaux et au succès de laquelle il a lui-même si puissamment contribué ; il propose en conséquence de faire exécuter le portrait de son président pour en orner la salle de ses assemblées. »

A la séance suivante, la proposition est votée à l'unanimité des voix, moins celle du président, qui seul y oppose une vive résistance.

Rien ne prouve mieux la haute estime de l'Académie pour le général comte de Loche, qui fut son président perpétuel.

Comte Xavier DE VIGNET

Le comte Xavier de Vignet (ou Vignet aîné, comme on écrivait alors), né à Chambéry le 3 avril 1780, appartenait à la meilleure noblesse de robe. Son père, Pierre-Louis Vignet, avait été nommé sénateur au Sénat de Savoie le 9 janvier 1769, et lui-même le fut à son tour le 4 septembre 1816. Sa mère était sœur de Joseph et de Xavier de Maistre. Il avait épousé lui-même une sœur d'Alphonse de Lamartine.

Mme de Lamartine, dans le volume intitulé : *Le Manuscrit de ma Mère* (Paris, Hachette, 1875), nous peint en ces termes la jeune Mme de Vignet : « Césarine est d'une beauté « éblouissante et tout italienne. On prétend qu'elle ressem- « ble, trait pour trait, à une figure de Raphaël, appelée la « *Fornarina*. Elle est très aimée aussi, parce qu'elle est spi- « rituelle, bonne, simple, franche. »

Voici comment elle raconte le mariage, à la date du 21 février 1818 : « Nous sommes arrivés à Chambéry, lundi « 17... Je m'applaudis tous les jours davantage de ce « mariage, pour lequel j'ai eu de la peine à tout arranger « de plusieurs parts, et pour lequel je me sentais aussi « quelquefois de l'éloignement. Le pays nous était peu « connu ; la figure de M. Vignet n'est pas prévenante ; la « fortune est peu considérable...

« Sa réputation est des plus distinguées, il est plein d'es- « prit, de connaissances, de mérites en tous genres. Sa « famille est tout ce qu'il y a de mieux dans ce pays-ci ; il « parviendra vraisemblablement à la place la plus émi- « nente dans la carrière qu'il a embrassée, par son mérite

« et par l'appui de son oncle, le comte de Maistre, qui est « chancelier. Il a une sœur bonne, aimable, et un frère, « ancien ami d'Alphonse, et qui est la première cause de « ce mariage... »

Trois ans plus tard, le même manuscrit annonce la mort de Mme de Vignet, éteinte de langueur après la naissance de son troisième enfant, à Chambéry... Elle est ensevelie au cimetière Paradis de cette ville, dans le tombeau de la famille de Vignet.

Le sénateur comte de Vignet fut chargé, dès 1816, de la liquidation de l'actif et du passif des communes qui avaient formé le département du Léman ; il eut aussi une mission du gouvernement auprès de la république de Genève.

Comme il s'acquitta à la satisfaction générale de ces difficiles fonctions, il fut plus tard, en 1831, appelé à Turin en qualité de premier officier au ministère des affaires étrangères, poste qu'il occupa jusqu'en 1835. Il obtint alors sa retraite, et put enfin rentrer à Chambéry, où il résida jusqu'à sa mort, arrivée le 17 mars 1844.

M. le comte de Menthon d'Aviernoz, qui fut chargé de son éloge funèbre à l'Académie de Savoie, apprécie son talent en ces termes :

« M. le comte de Vignet brillait surtout par la vigueur de « son esprit, par la promptitude, la sûreté de son raison- « nement, par l'étonnante variété de ses connaissances ; « peut-être pouvait-on lui reprocher, en matière scienti- « fique, de mettre trop de feu, trop d'inspiration dans le « choix des thèses qu'il se décidait à soutenir, bien que, « par la puissance de sa logique et par la richesse de son « érudition, il sût presque toujours les démontrer avec des « preuves irréfragables. »

Il a publié dans les Mémoires de l'Académie :

1. *Mémoire sur Humbert aux Blanches-Mains*, où il cherche à prouver l'existence de Bérold de Saxe. (1re série, vol. III, p. 259.)

2. *Une Dissertation sur le passage des Alpes par Annibal ;* il se prononce pour le col de la Seigne et l'Allée-Blanche. Elle est résumée dans la *Notice historique*, en tête du vol. IX, 1re série des Mémoires de l'Académie.

3. *Notice sur les voies romaines de Lemnicum à Augustum.* (*Ibid.*, vol. IX, 353.)

En 1842, l'Académie nomma par acclamation M. le comte de Vignet pour son président, et il occupa ce fauteuil jusqu'au jour de sa mort. Dans ces fonctions délicates, il se distingua toujours par son extrême courtoisie et par les brillantes qualités de son esprit.

Georges-Marie RAYMOND

M. Georges-Marie Raymond fut l'âme de la jeune Société académique de Savoie ; aussi fut-il, dès la première séance. installé comme secrétaire perpétuel.

Il était né à Chambéry le 23 mai 1769 ; son père Claude-François, originaire de Sixt, occupait une position modeste, comme intendant du marquis d'Arvillard. Le jeune Georges-Marie fut élevé avec les fils du marquis, et put profiter de la bibliothèque et des leçons qu'il trouva dans cette famille. C'est ce qui lui inspira le goût des sciences et lui permit d'y briller au premier rang.

Ses parents lui firent commencer l'étude de droit ; mais là n'était pas sa vocation, il ne songeait qu'aux mathématiques, à la physique, aux sciences exactes. Devant pourvoir à sa subsistance, il travailla d'abord aux opérations du cadastre. Après l'occupation de la Savoie, en 1792, il passa à l'administration et obtint le poste de secrétaire général du département du Mont-Blanc. Mais cette carrière ne pouvait convenir à ses goûts studieux, et d'ailleurs ses convictions politiques et religieuses l'y rendaient suspect.

C'est alors seulement qu'il trouva sa voie : en 1794, il fut nommé professeur au collège de Chambéry, puis à l'*école centrale*, qui remplaça le collège, en 1796. Il y enseignait d'abord l'histoire et la géographie, bientôt il y joignit les mathématiques. En 1803, après la chute des écoles centrales, Chambéry eut une *école secondaire communale,* dont il fut nommé directeur, tout en conservant l'enseignement des mathématiques. Il y joignit un pensionnat pour les élèves dont les parents habitaient hors de la ville. Par un privilège spécial, il fut autorisé à installer à l'école communale de Chambéry des classes de philosophie, qui, suivant la règle, ne devaient exister que dans les *lycées*. Dans ces diverses fonctions, il s'attira l'estime de ses concitoyens et la confiance entière du gouvernement. Il en fut récompensé par les palmes d'officier d'académie, qui étaient alors réservées aux plus hauts fonctionnaires des lycées et n'étaient distribuées qu'avec une sage parcimonie.

Pendant qu'il s'adonnait tout entier aux soins de son enseignement, Georges-Marie Raymond trouvait le temps de publier de nombreux travaux scientifiques et littéraires, dont il nous reste maintenant à rendre compte.

L'introduction du système métrique en Savoie rendit nécessaire la publication d'un rapport des anciennes mesures usitées dans les diverses provinces de la Savoie avec le nouvel étalon. Une commission fut chargée de le préparer. M. Raymond, membre et rapporteur de cette commission, publia le *Manuel métrologique du département du Mont-Blanc* (1803).

Rapport fait à la commission des poids et mesures, le 6 messidor an XI, sur l'échelle des plans du cadastre de la Savoie et le rapport de cette échelle avec le terrain, in-4°. (Chambéry, Cléaz, 1803.)

Un travail analogue était nécessaire sur le cadastre pour établir la répartition de l'impôt foncier. Raymond, à la suite de longs calculs, put établir que le cadastre ancien de la Savoie est, avec la superficie réelle du sol, dans le rapport de 1 à 2372.

Comptes-rendus de l'enseignement public exercé à l'école centrale du Mont-Blanc pendant les ans V, VI, VII, VIII, IX, X, XI, in-4° et in-8°. (Chambéry, Gorrin.)

Discours prononcé à l'installation solennelle de l'école

secondaire communale de Chambéry, le 20 mai 1804, in-8°. (Chambéry, Cléaz, 1804.)

Réfutation d'un système sur le caractère des sons et les causes musicales, etc., dans les journaux.

Mémoire sur la nécessité de maintenir à Chambéry le chef-lieu du département du Mont-Blanc, in-4°. (Chambéry, 1797.)

Relation de la visite faite à l'école secondaire communale de Chambéry, par S. M. Impériale et Royale et par S. Ex. le Ministre de l'Intérieur, M. de Champagny. (Dans l'Annuaire du département. (1805-1806.)

En 1792, il avait publié déjà une réfutation du système de Bernardin de Saint-Pierre sur la figure de la terre, sous ce titre : *A l'Auteur de la chaumière indienne* (Chambéry, Lullin, 1792).

En 1801, à Paris : *De la Peinture considérée dans ses effets sur les hommes de toutes les classes et de son influence sur les mœurs et le gouvernement des peuples ;* il s'en fit une seconde édition en 1804.

A Genève, Paschoud, 1802, *Essai sur l'émulation dans l'ordre social et sur son application à l'éducation.* Le *Journal des Débats*, du 20 floréal an x, apprécie cet ouvrage en ces termes : « M. Raymond prouve par le talent avec « lequel il a traité ce sujet, combien il serait injuste de le « ranger dans la classe des littérateurs médiocres, et par le « système qu'il embrasse, combien il est étranger à celle « des sophistes. Il tremble, il est vrai, soit vénération « réelle pour J.-J. Rousseau, soit déférence et ménagement « pour ses juges, d'avoir à soutenir un sentiment com- « battu par l'auteur de l'*Emile*. Mais enfin, quand il a pris « son parti, il n'en ébranle pas d'une main moins ferme le « trône sur lequel est assise la divinité ; il renverse avec

« une logique très solide tout cet échaffaudage de mauvais « raisonnements, de sophismes captieux, de contradictions « évidentes que peut revêtir, mais que ne pourra jamais « faire absoudre, une éloquence vive et entraînante. »

Métaphysique des études ou recherches sur l'état actuel des méthodes dans la culture des lettres et des sciences, et sur leur influence relativement à la solidité de l'érudition. (Paris, Pougens, 1804.)

Lettre à M. de Chateaubriand sur deux chapitres du Génie du Christianisme. (Genève, Paschoud, 1806.)

De la Musique dans les églises, considérée dans ses rapports avec l'objet des cérémonies religieuses. (Chambéry, Cléaz, 1809.)

Lettre à M. Millin sur l'étude de l'établissement des maîtrises de chapelle dans les cathédrales de France et sur l'usage de la musique dans les églises. (Chambéry, Cléaz, 1810.)

Lettre à M. Villoteau, touchant ses vues sur la possibilité et l'utilité d'une théorie exacte des principes naturels de la musique. (Paris, Courrier, 1811.)

Plan d'un cours de logique ou essai d'un choix de matières proposées pour un traité élémentaire de l'art du raisonnement. (Paris, Sajou, 1811.)

Notice sur les Charmettes et les environs de Chambéry. (1811.)

Application aux équations du premier degré de la méthode d'élimination, par la recherche d'un commun diviseur entre les équations données. (*Annales de mathématiques*, vol. II.)

Essai sur la détermination des bases physico-mathématiques de l'art musical. (Paris, Vve Courcier, 1813.)

Lettres sur l'établissement d'éducation d'Yverdun. (Chambéry, Cléaz, 1814.)

A cette époque, une grande révolution politique vint changer sa vie. Par suite de la chute de l'empire français, la Savoie revint sous le sceptre de ses anciens rois. M. Raymond abandonna le pensionnat et la direction de l'école secondaire. Il reçut le titre de préfet honoraire du collège royal, et n'y conserva que les chaires de mathématiques spéciales et de géographie. Ce n'est qu'en 1829 qu'il quitta définitivement l'enseignement public.

Pour occuper ses loisirs, il fonda, en 1816, le *Journal de Savoie*, feuille hebdomadaire, qu'il rédigeait lui seul avec les soins les plus méticuleux. Il en résultait une froideur de style et une prudence souvent exagérées, qui firent souvent appeler ce journal : *la feuille sèche.*

L'Académie des jeux floraux de Toulouse avait proposé pour sujet du concours d'éloquence l'éloge de Blaise Pascal. Aucun des concurrents n'ayant mérité le prix, le même sujet fut remis au concours jusqu'à trois fois. Enfin, en 1816, M. Raymond se présenta, et obtint l'*églantine d'or*. (Son discours a paru à Lyon, chez Rusand, 1816.)

C'est à la suite de ce triomphe qu'il songea à créer à Chambéry une petite Société académique, et qu'il en fut un des principaux promoteurs, ainsi que nous l'avons déjà raconté. Outre les comptes-rendus imprimés en tête de chaque volume, ses travaux communiqués à cette Académie sont très nombreux. Nous citerons seulement les suivants :

Belles-Lettres et Arts.

Saint François de Sales considéré comme écrivain. (vol. II, p. 199.)

Quelques remarques sur les mots Savoisien et Savoyard. (IV, p. 256.)

Remarques sur quelques expressions et quelques tournures défectueuses employées par de bons écrivains. (VIII, p. 293.)

Notice sur la vie et les travaux de Mgr Bigex.

Mémoire sur la musique religieuse. (III, p. 167.)

Principes élémentaires d'harmonie.

Chronologie. — Histoire.

Notice sur le calendrier civil et ecclésiastique. (VIII, 213.)

Notice historique sur l'église de Lémenc. (IV, 236.)

Mémoire sur la carrière militaire et politique du général de Boigne.

Mathématiques. — Physique.

Mémoire sur la nature et la signification de l'expression analytique générale $\frac{a}{o}$. (I, p. 170.)

Quelques notes relatives à la théorie analytique des lignes du second degré et à celle des surfaces du premier et du second ordre. (V, 140.)

Note sur la cause de la mobilité apparente du regard dans les yeux d'un portrait. (III, 109.)

Notice sur les poids et mesures du duché de Savoie. (IX, p. 1.)

Philosophie.

Observations critiques sur le système de Bailly, touchant l'origine des arts et des sciences. (I, 260.)

Observations sur le système philosophique de M. Lamennais, touchant le fondement de la certitude. (II, 65.)

Nouvelle dissertation sur le principe d'action chez les animaux. (VI, 177.)

Observations faites au sujet d'un système sur l'origine des êtres organisés, etc. (VII, 133.)

Nous devons citer encore des travaux publiés en dehors de l'Académie de Savoie :

Éloge historique du comte Joseph de Maistre. (Mémoires de l'Académie royale des sciences de Turin.)

Des principaux Systèmes de notation musicale, etc. (*Ibid.*, vol. XXX.)

Éléments de géographie moderne à l'usage des collèges et écoles, etc,, 2 vol. in-12. (Annecy, Burdet.)

L'Ermite de Saint-Saturnin, (Chambéry, Puthod, 1833.)

Il y aurait en outre des articles insérés dans divers recueils, des pièces de musique religieuse, publiées par Cartoud, à Lyon, et un nombre considérable de manuscrits, de travaux restés inachevés, dont on trouve l'indication dans le dictionnaire historique de Grillet, article Chambéry (vol. II, p. 183 et 184.)

Il n'est pas étonnant que M. Raymond, doué d'une si prodigieuse activité, ait fait partie d'un grand nombre de Sociétés savantes. Nous pouvons citer :

L'Académie royale des sciences de Turin ;

La Société royale des sciences de Goëttingen ;

La Société pour l'avancement des sciences de Genève ;

L'Académie philharmonique de Bologne ;

La Société philotechnique de Paris ;

Les Académies de Dijon, de Nîmes, de Lyon, de Grenoble, de Soissons, d'Arras, etc.

Au milieu de ces travaux et de ces honneurs, la mort vint l'arrêter, mais non le surprendre, le 24 avril 1839. Pour prouver qu'il s'y était bien préparé, il suffit de citer ces quelques lignes de son testament :

« Que mes enfants ne cherchent point les richesses....

« Piété solide, intégrité rigoureuse, travail, courage et « résignation dans les peines, soumission sans murmure « aux volontés du Ciel, combat soutenu des passions dan- « gereuses et des penchans désordonnés, mépris des vani- « tés mondaines, privation de tout superflu, afin de pouvoir « exercer le précepte de la charité chrétienne en venant au « secours des infortunés dans toutes les occasions, voilà, « en peu de mots, les règles de conduite qu'ils doivent se « prescrire, et qui seules peuvent assurer leur véritable « félicité.... »

On peut dire que ces dernières recommandations sont en même temps le portrait du mourant. Il fut par-dessus tout l'homme du travail et du dévouement.

CARDINAL BILLIET

Le chanoine Alexis Billiet fut incontestablement une des personnalités les plus remarquables de ce siècle, en Savoie.

Né aux Chapelles, en 1783, d'une famille de riches cultivateurs, il se destina de bonne heure à l'état ecclésiastique. Au moment où il se disposait à entrer au collège d'abord, puis au Grand-Séminaire, la tourmente révolutionnaire avait tout emporté, séminaires et collèges. Il n'en persista pas moins dans sa vocation ; seulement il dut suppléer, au moyen de quelques livres, avec l'aide de bons missionnaires, ou curés de campagne, aux ressources qui manquaient pour son instruction.

Après le rétablissement du culte, il arrive à Chambéry, se présente aux examinateurs. On lui demande s'il a étudié la grammaire,.... le latin,.... la littérature,.... la philosophie,.... la physique.... *Un peu*, répondit-il à chaque question. La théologie, lui demande-t-on ?.... *Un peu* encore !

Ne sachant que penser de cet écolier, les examinateurs se disent que c'est là *un prodige d'intelligence, ou bien un prodige d'incapacité ;* et pour l'essayer l'envoient suivre une classe de théologie. Un an après, il était professeur de théologie lui-même, bientôt supérieur du Grand-Séminaire et vicaire général du diocèse.

C'est alors que MM. de Loche, de Vignet et Raymond se l'associèrent pour former le noyau de leur Académie naissante. Ils ne pouvaient mieux réussir : le chanoine Billiet avait la passion des observations exactes, des déductions logiques, dans toutes les branches de la science. Aussi l'on peut dire que dans les nombreuses communications qu'il a faites aux Sociétés savantes, jamais il n'a donné à faux.

A la Société académique de Savoie, il lit d'abord une note sur l'*Accroissement des glaciers des Alpes,* où il réfute victorieusement une théorie émise par M. Patrin. (21 mai 1820.)

Une *Notice sur le tremblement de terre du 19 février 1822.*

Une autre sur la *Baisse extraordinaire du baromètre du 2 février 1823.*

D'autres sur les *Observations météorologiques,* — sur la *Hauteur de Chambéry au-dessus du niveau de la mer.*

En même temps, il s'essayait à des études géologiques sur les *lignites de Sonnaz, de Servolex,* sur le bassin de Chambéry. S'il n'y pouvait distinguer encore les formations par leurs fossiles, du moins il les classait d'après leur aspect physique, avec une remarquable lucidité, et ne déduisait des conséquences générales qui restent vraies, en dépit des progrès réalisés dès lors.

Vers cette époque, le 9 mars 1826, il fut sacré évêque de Saint-Jean de Maurienne. Sur ce nouveau théâtre, il ne cessa de travailler pour sa chère Académie. Nous citerons surtout des travaux historiques ou archéologiques :

Lettre au sujet des tombeaux et des monuments découverts en 1827, près du col de la Madeleine, en Maurienne.

Notice sur le village de Brios, où mourut Charles-le-Chauve, en 877.

Notice sur la peste qui affligea le diocèse de Maurienne, en 1660.

Les Espagnols en Savoie, siège d'Apremont. (III, 99.)

Observations sur quelques anciens titres consignés dans les archives des communes de la Maurienne.

Observations sur les tremblements de terre ressentis en Savoie de 1838 à 1840.

Nous avons aussi des documents statistiques sur le *Mouvement de la population dans le diocèse de Maurienne,* pendant la même période.

Observations sur le recensement des personnes atteintes de goître et de crétinisme dans les diocèses de Maurienne et de Chambéry. A ce sujet, une longue polémique s'engagea entre lui et le Dr Morel, médecin en chef de l'asile de Maréville, près de Nancy. Notre prélat cherchait dans la nature géologique du sol, dans la qualité des eaux qui en découlent, la cause principale de ces fatales infirmités ; il n'acceptait qu'avec peu de confiance les remèdes proposés pour les combattre.

En 1840, Mgr Billiet fut appelé sur le siège archiépiscopal de Chambéry. Dans cette période de sa vie, il publia encore plusieurs travaux historiques :

Notice biographique sur Philibert Simond.

Mémoires pour servir à l'histoire ecclésiastique du diocèse de Chambéry.

Chartes du diocèse de Maurienne, vol. II des *Documents,* avec un glossaire des mots de la basse latinité plus ordinairement employés dans les chartes de Savoie.

Dissertation sur les diptyques.

Il rédigea encore un *glossaire du patois des Chapelles* resté inédit, dans les archives de l'Académie.

Un *Mémoire sur l'instruction primaire en Savoie,* publié dès l'année 1846, prouve que ce prélat n'a jamais cessé de propager l'instruction dans les campagnes, et en a toujours été un des plus fervents apôtres.

Nous n'avons pas à citer les mandements et lettres pastorales qu'il a publiés pendant une série de près de cinquante années d'épiscopat, et où l'on retrouverait le cachet de cet esprit précis et lucide.

Ce qui constitue un trait plus original de son caractère, c'est sa passion pour la botanique, pour les plantes rares, les cryptogames surtout, qu'il ne cessa de récolter pendant sa vie entière. Ayant conservé une vue perçante jusqu'à quatre-vingt-dix ans, il s'arrêtait dans ses courses les plus pressées pour cueillir une fleur dans un fossé, ou un lichen sur un caillou. Avec une mémoire étonnante, il en citait aussitôt le nom latin.

Devenu prince de l'Église, cardinal, sénateur de l'Empire, il conserva jusqu'à son dernier jour la simplicité du jeune prêtre des Chapelles. Pendant de longues années, il fut président de l'Académie de Savoie et porta toujours le plus vif intérêt à ses travaux.

Lorsque ses nombreuses occupations ne lui permirent plus d'assister à ses séances, il fut nommé par acclamation *président perpétuel honoraire.*

Enfin il s'éteignit, le 30 avril 1873, dans sa 91e année, assistant à sa propre mort avec la plus parfaite sérénité, et, devant son chapitre assemblé autour de son lit de mort, développant paisiblement le texte de saint Paul : *expedit ut vadam.*

Ces quatre membres fondateurs, le général comte de Loche, le baron de Vignet, le professeur Raymond et le chanoine Billiet, après avoir arrêté le plan de la nouvelle Société, ont voulu s'adjoindre quatre collaborateurs.

Mgr RENDU

M. l'abbé Rendu, alors jeune professeur de physique au collège royal de Chambéry, et plus tard évêque d'Annecy, était bien différent de Mgr Billiet. Causeur spirituel, écrivain brillant, il semblait prédestiné à devenir un professeur de littérature, c'est dans une chaire de physique qu'on l'installa; il y était hors de son élément. Son imagination se donnait trop libre carrière; il n'était pas l'homme des chiffres ni des observations patientes.

Ainsi, en 1828, il écrit à M. Biot, membre de l'Institut, pour lui annoncer une importante découverte : il vient d'observer l'influence exercée par les courants magnétiques sur la teinture de choux rouges! M. Biot n'y peut croire; il engage le jeune professeur à renouveler ses expériences en les contrôlant avec soin; en attendant de les voir confirmées, il les communique à l'Académie des sciences, afin de prendre date. De son côté, l'abbé Rendu communique à la Société académique de Chambéry sa lettre et la réponse de M. Biot. Hélas! il a beau renouveler ses expériences, la pile ne fait plus changer les couleurs de la teinture! Il est obligé de se dérober, en disant qu'il ne trouve pas de teinture de choux rouges. en cette saison. Il eût mieux fait d'avouer que sa première observation avait été faite trop légèrement.

Il communiqua à la Société académique de Savoie plusieurs travaux, entre autres :

1° *Un Mémoire sur les causes de l'irrégularité des vents dans les parties inférieures de l'atmosphère.* (Vol. I des Mémoires, 1re série.)

2° *Des Effets que la fumée peut produire dans l'atmosphère pour préserver la végétation d'un abaissement de température.* (*Ibid.*, vol. II.)

3° *Observations tendant à prouver que la cristallisation de tous les corps est un phénomène électrique.* (*Ibid.*, vol. III.)

Vers cette époque, il commençait à s'occuper de géologie. Nous trouvons :

4° *Lettre à M. Deluc sur quelques fossiles de la Tarentaise, dont la position paraît contraire au système du soulèvement des montagnes adopté par un grand nombre de géologues.* (Juillet 1836.)

5° *Lettre à M. Lecoq sur les volcans d'Auvergne.* (18 novembre 1836.)

6° L'abbé Rendu publia dans les Mémoires de la Société académique (vol. VII, p. 185, et vol. IX, p. 125.) deux longues dissertations sur la structure des montagnes. On y trouve les assertions les plus étranges au point de vue géologique : tout cela pour expliquer l'inclinaison des couches par un phénomène de cristallisation et combattre le système des soulèvements et des plissements de couches enseigné alors par Élie de Beaumont.

Ceci me rappelle un lointain souvenir personnel : en 1849, j'accompagnai à Annecy le célèbre sir Roderick Murchison, président de la Société géologique de Londres. Nous y allâmes voir Mgr Rendu ; il venait d'imaginer une nouvelle théorie ; il conduisit Murchison au bord du lac pour lui faire observer les rides produites par le clapotement des vagues sur le sable fin de la plage ; il y voyait une analogie frappante avec les rides de la surface terrestre. Le lendemain le géologue anglais était encore ahuri de ces fantaisies scientifiques, et me disait gravement : « *Si ce*

Monseigneur n'est pas plus habile en théologie qu'en géologie, je plains ses administrés ! »

Le croirait-on ? En même temps, ce géologue fantaisiste, par un éclair de génie, venait de découvrir la théorie véritable des glaciers, la cause et les lois du mouvement séculaire des glaces ! Sa *Théorie des glaciers de la Savoie*[1] (vol X des Mémoires de la Société, 1re série, 1841), est devenue un traité classique dans la science. Tous les géologues sont unanimes à reconnaître le mérite de cette découverte.

Dans son récent ouvrage sur la *Période glaciaire* (Paris, 1889), M. Albert Falsan résume en quelques lignes cette théorie, dernier mot de la science des glaciers : « Les parti-
« cules de la glace peuvent glisser les unes sur les autres
« comme celles de l'eau, et prendre en masse les allures
« d'un fleuve... Il y a entre le glacier des bois et un fleuve
« une ressemblance si complète, qu'il est impossible de
« trouver dans celui-ci une circonstance qui ne soit pas
« dans l'autre... »

MM. Falsan et Chantre disent ailleurs : « Mgr Rendu n'avait
« pu faire sur les lieux aucune mensuration exacte, et
« pourtant ses conclusions reposaient sur des observations
« si attentives, sur des réflexions si sérieuses, qu'elles
« furent brillamment confirmées par les travaux d'Agassitz

[1] Je retrouve dans ma mémoire un vague souvenir que je me fais un devoir de consigner ici. Dans l'automne de 1841, sauf erreur, le chanoine Rendu était venu voir mes frères à Grésy. Après une journée charmante de campagne, il se disposait à partir. On le sollicitait pour le retenir encore un jour. Il nous répondit par cet argument sans réplique : « Je viens d'imprimer un livre sur les glaciers, or je ne les ai jamais vus de ma vie ; je suis en route pour Chamonix, où je vais voir s'ils ressemblent au portrait que j'en ai dessiné... »

Était-ce simple plaisanterie de sa part ?

« et de Desor sur le glacier de l'Aar. Elles méritèrent l'ad-
« miration de Tyndall. »

En 1844, la Société géologique de France vint tenir sa session extraordinaire à Chambéry. Les glaciers étaient alors la préoccupation universelle. MM. Agassitz, Guyot, Favre y apportaient leur grande expérience. Dans ce congrès essentiellement *glaciairiste,* Mgr Rendu était naturellement appelé à la présidence. Dès la séance du 12 août, il soutint brillamment la nouvelle théorie contre Mgr Billiet et quelques autres partisans des courants diluviens.

Si je me suis étendu un peu longuement sur les découvertes et aussi sur les erreurs géologiques de Mgr Rendu, c'est que j'aime à constater que le monde de la science est vaste ; que même en errant sur quelque point, un esprit hardi peut rendre des services signalés et mériter une juste considération par des découvertes dans d'autres régions de la science.

En dehors de ses travaux de physique et de géologie, le chanoine Rendu avait entrepris des publications considérables. Un volume de philosophie avait été publié sous ce titre : *De l'Influence des lois sur les mœurs et des mœurs sur les lois ;* il avait communiqué en outre à l'Académie des fragments d'une *Histoire de la philosophie dans les différents âges,* un Mémoire sur *l'Influence du christianisme sur les institutions sociales* et nombre de fragments d'ouvrages en préparation.

Nommé à l'évêché d'Annecy, en 1842, il ne s'occupa plus que des travaux et des devoirs de sa charge. Défendant son diocèse contre l'invasion protestante, il publia *Le Commerce des consciences et l'agitation protestante,* puis sa *Lettre au roi de Prusse,* son *projet de réunion des protestants à l'église catholique* et une série de mandements, modèles de style littéraire aussi bien que de zèle évangélique.

Pour nous, membres de l'Académie de Savoie, nous devons surtout apprécier le talent dont il fit preuve et le dévouement avec lequel il s'acquitta de ses fonctions difficiles de secrétaire perpétuel, pendant les quatre années qui s'écoulèrent depuis son installation en 1838 jusqu'en 1842. Il a rédigé les rapports sur deux concours de poésie, les comptes-rendus en tête des volumes IX, X et XI de nos Mémoires, et plusieurs articles nécrologiques sur nos membres défunts.

Il est mort à son tour, le 28 avril 1859, âgé de 70 ans et dans toute la force de son talent. Il était chevalier de l'Ordre du Mérite civil de Savoie, qui ne comptait que quarante membres, correspondant de l'Académie des sciences de Turin et de plusieurs autres Sociétés savantes.

Dans ce premier noyau d'une Académie à Chambéry, il était de toute justice de faire une place au corps médical. D'après les principes hiérarchiques, alors toujours respectés, le premier fauteuil était dû au proto-médecin, le Dr Jean-François Guilland, dont nous trouvons la biographie fort exacte dans *Les Médecins,* ouvrage posthume de son fils, notre regretté confrère le Dr Louis Guilland. (Chambéry, Ménard, 1888.)

Dr GUILLAND

Guilland Jean-François, né au Châtelard en Bauges, en 1773, a publié sa thèse l'an v de la République (1797) : *De l'Influence des climats sur les tempéraments*, dissertation présentée à l'école de santé de Montpellier. (Montpellier, Izard et Ricard, in-8° de 60 pages.)

Il vint exercer la médecine à Chambéry, fut proto-médecin de la Savoie, médecin de la Maison du roi de Sardaigne, de l'Hôtel-Dieu et des hospices de la ville et professeur de l'école de médecine.

En 1828, il a publié *Quelques réflexions médicales et philosophiques*. (Platet, in-8°, 24 pages.) Il a également présenté des *Rapports manuscrits sur la culture du frêne* (1823), sur un *Mémoire du Dr Fodéré, de Saint-Jean de Maurienne, touchant les maladies chroniques de l'utérus et la vaccine* (1825).

Il est mort le 9 novembre 1855.

Dr GOUVERT

Mais c'est surtout le Dr Gouvert qui devait fixer le choix de l'Académie ; à la fois médecin, agronome et écrivain fécond, il était le représentant le plus actif et le plus autorisé du corps médical de Chambéry. Je puise sa biographie dans le même recueil, *Les Médecins,* du Dr Louis Guilland.

Gouvert Antoine, de Saint-Paul-sur-Yenne, soutint sa thèse le 22 nivôse an x : *Essai médico-chirurgical sur les anévrismes en général.* (Montpellier, Izard et Ricard, in-4°, 40 pages.) Elle était dédiée à Dacquin.

Il s'établit à Chambéry vers l'an XIII, après avoir séjourné à Paris, où il s'éprit vivement de Bichat, et devança, dans son admiration pour ce génie, la réaction en sa faveur qui ne devait s'opérer que de nos jours par les travaux de Schopenhaüer et de Claude Bernard....

Doué d'une grande activité physique et morale, aussi infatigable écrivain que chasseur, il fit partie de la municipalité de 1826 à 1840, fut archiviste de la ville, en 1826, membre de la junte provinciale de statistique, médecin des hôpitaux, membre de toutes les administrations, de la Chambre de commerce et d'agriculture, vice-président de l'Académie, à laquelle il donnait ses communications médicales et agronomiques.

Indépendamment de son *Traitement contre le choléra morbus mis à la portée de tout le monde,* mémoire transmis aux conseils de charité et autres administrations de bienfaisance du duché de Savoie, par le Conseil général de charité (Chambéry, imprimerie du Gouvernement, in-8°,

19 pages). Gouvert a alimenté toute la première série des Mémoires de l'Académie de Savoie :

Précis historique de l'introduction et de la propagation de la vaccine en Savoie. (Vol. I, 196.)

Constitution agricole et médicale de la Savoie, en 1825 (II, p. 1), *1826* (III, p. 1), *1827* (IV, p. 27), *1828* (V, p. 15), *1829* (V, p. 56), *1830* (V, p. 96), *1831* (VI, p. 17).

Mémoires et observations sur les engorgements squirreux des seins et des testicules. (II, p. 285.)

Utilité de la saignée, préjugés trop répandus contre elle en Savoie. (IV, p. 89.)

Unité de la science de l'homme, envisagée comme objet de l'art de guérir. (V, p. 206.)

Topographie médicale de la vallée de Chambéry au lac du Bourget et particulièrement de la Motte-Servolex. (VI, p. 114.)

Rapport sur le Mémoire du professeur Buniva, touchant la doctrine homéopathique. (VII, p. 39).

Mortalité hivernale des nouveaux-nés. (VIII, p. 167.)

Fièvres intermittentes catarrhales (grippe) à Chambéry, en 1837. (IX, p. 101.)

Outre ces travaux publiés dans les Mémoires, le Dr Gouvert a lu successivement cinq Mémoires relatifs à l'ouvrage de Cangiamila, théologien et chanoine de l'église de Palerme, ayant pour titre : *Embryologie sacrée,* dont l'objet principal est d'indiquer les précautions à prendre dans l'accouchement pour assurer le baptême aux enfants.

Notice sur la charrue belge. (Vol. I, p. 98.)

Notice sur l'intempérie du printemps de 1826 et ses effets. (II, p. 35.)

Observations sur les causes de la dégradation des terrains inclinés, particulièrement dans le bassin de Cham-

béry et sur les dangers qui menacent ce bassin. (III, p. 37.)

Mémoire sur les marais en Savoie, considérés sous le rapport de l'hygiène et de l'agriculture. (VI, p. 49.)

Il était toujours disposé à faire partie des commissions et à rédiger des rapports sur les nombreux travaux présentés à la Société, dont il fut pendant vingt-deux ans un des plus utiles collaborateurs.

Il est mort à Chambéry le 22 mars 1842.

Baron Louis DE VIGNET

En même temps que les deux médecins, l'Académie naissante avait résolu de recevoir parmi ses membres un jeune diplomate, que malheureusement sa carrière tint habituellement éloigné de Chambéry. C'est le baron Louis de Vignet, frère du comte sénateur Xavier de Vignet, dont nous avons donné plus haut la courte biographie.

Second fils du comte Pierre-Louis de Vignet, le baron était né à Chambéry à la fin du siècle dernier. Il fit ses études au collège des Frères de la Foi (Jésuites), à Belley, où il fut camarade d'Alphonse de Lamartine, et se lia avec lui d'une étroite amitié qui dura toute leur vie. Mme de Lamartine, dans le *Manuscrit de ma mère,* en parle en ces termes, à la date du 19 juin 1817 :

« Alphonse voyage ; il est en ce moment en Savoie dans « la famille de Maistre, dont un neveu très distingué, « M. Louis de Vignet, est son ami très intime. Ce jeune « homme a un esprit supérieur, beaucoup de talents jus- « qu'ici enfouis, comme ceux que je suppose à mon fils. Il « me rappelle la figure que je prêtais dans ma jeunesse « à Werther de Gœthe, mais il a, comme sa famille, beau- « coup de religion. Cette amitié, sous ce rapport, me fait « plaisir pour mon fils ; il a bien besoin de bons exemples « de foi positive, car sa religion trop libre et trop vague « me paraît moins une foi qu'un sentiment. »

Ayant terminé ses cours de droit, il se voua à la carrière diplomatique. Il fut d'abord attaché aux ambassadeurs ou plutôt aux chargés d'affaires pour la cour de Sardaigne, à Stokholm, à la Haye, puis à Londres.

C'est dans l'intervalle entre ces divers postes qu'il se trouva momentanément à Chambéry, en 1820, et fut appelé à siéger comme membre fondateur dans la naissante Académie. Nous ne trouvons de lui qu'une seule communication qu'il y ait faite ; elle est mentionnée en ces termes dans le rapport du secrétaire perpétuel :

« M. le baron L. de Vignet a récité une très belle ode « élégiaque sur l'ancien monastère d'Hautecombe et sur « les tombeaux des princes de la Maison de Savoie qui exis- « taient en ce lieu. (Vol. I, p. 37.) » Comme son ami de Lamartine, il excellait surtout dans la poésie.

Nommé chargé d'affaires pour le roi de Sardaigne à Paris, il y épousa Mlle Jeanne-Angèle, marquise de Vandeuil.

En 1835, il fut chargé d'affaires pour le roi de Sardaigne, à Berne, auprès de la République helvétique.

Enfin en 1836, il arrivait à être ministre plénipotentiaire à Naples, et le plus brillant avenir s'ouvrait devant lui, lorsqu'il y fut emporté par le choléra ; il fut la dernière victime de cette épidémie à Naples.

CHAPITRE II

SOCIÉTÉ ACADÉMIQUE DE SAVOIE

(De 1820 à 1827.)

Nous avons assisté à la naissance de notre Société académique. Elle se réunit pour sa première séance le 23 avril 1820. Dès lors commence une période de début, je dirais presque d'enfance, qui se continue jusqu'au 23 juillet 1827, jour où le roi Charles-Félix la décore du titre de *Société royale académique de Savoie.* Nous allons raconter son histoire pendant cette première période de sept ans.

A la séance du 23 avril 1820, le bureau fut ainsi composé :

Président, le général comte de Mouxy de Loche.

Vice-président, le sénateur comte Xavier de Vignet.

Secrétaire perpétuel, le professeur Georges-Marie Raymond.

Trésorier, le chanoine Alexis Billiet, vicaire général.

Secrétaire-adjoint, l'abbé Rendu, professeur au collège royal.

A chaque élection annuelle, les mêmes fonctionnaires ont tous été réélus jusqu'en 1827, tant qu'a duré la Société académique.

Outre les huit membres effectifs résidants, dont nous avons donné la biographie, la Société se composait de treize membres non résidants, qui, d'après le règlement, étaient tous Savoisiens. Nous sommes fiers de reproduire cette liste qui fait honneur à notre petit pays. Elle est par ordre alphabétique :

1° Le comte Berthollet, pair de France à Paris.

2° L'abbé Borson, professeur de minéralogie à l'Université de Turin.

3° Bouvard, directeur de l'Observatoire royal de France à Paris.

4° Le marquis Costa de Beauregard (Alexis).

5° Le comte Joseph de Maistre, ministre régent de la grande chancellerie à Turin.

6° Le comte de Maistre (Xavier), général au service de la Russie.

7° Michaud (aîné), de l'Académie française à Paris.

8° Michaud L.-G. (cadet) à Paris.

9° Nicollet, astronome au bureau des longitudes à Paris.

10° Pillet Claude-Marie, homme de lettres à Paris.

11° Raymond Jean-Baptiste (aîné), ingénieur-géographe et capitaine à Paris.

12° Le chevalier Vichard de Saint-Réal.

13° Tochon, de l'Académie royale des inscriptions et belles-lettres à Paris.

Il y avait seulement trois membres correspondants aussi Savoisiens :

1° Le comte de Costa (Télémaque), au Tremblay.

2° Michel Saint-Martin, professeur au collège royal de Chambéry.

3° Peytavin Jean-Baptiste, artiste peintre à Paris.

A la même séance du 23 avril 1820, la Société vota le règlement qui avait été discuté dans les réunions intimes des quatre premiers fondateurs. Légèrement modifié à diverses reprises, il a été arrêté et imprimé à la date du 12 février 1845.

Pour obéir à la loi, la Société avait dû obtenir une autorisation ministérielle. C'est le comte Balbo, premier secrétaire d'État pour l'intérieur, qui lui accorda cette autorisation, accompagnée d'une lettre fort gracieuse, le 29 avril 1820.

A peine était-elle constituée, qu'elle faillit être étouffée par les graves événements politiques survenus à Turin au mois de mars 1821. Les séances, suspendues au 29 avril 1821, ne furent reprises que le 7 juillet 1822, à la suite d'une autorisation du roi Charles-Félix, qui lui fut transmise, avec les encouragements les plus flatteurs, par le comte Rogex de Cholex, devenu ministre de l'intérieur.

C'est en souvenir de ces débuts que la Société a placé dans la salle de ses séances le portrait du roi Charles-Félix et les bustes des deux ministres Balbo et Rogex de Cholex. (Ces bustes lui ont été donnés par le sculpteur piémontais Spalla, séance du 22 juin 1827.)

Avec non moins de justice, elle y installa plus tard les portraits du général comte de Loche, du professeur Raymond et du cardinal Alexis Billiet, qui ont été ses vrais créateurs.

Pour compléter son organisation, il lui manquait un emblème, un sceau à imprimer sur les diplômes de ses membres ; elle s'en occupa dans sa séance du 3 avril 1825. La Société académique aimait à se rattacher par ses souvenirs à la première Académie qui ait existé dans notre pays, à l'*Académie florimontane*, fondée en 1607 par saint François de Sales et Antoine Favre, vingt-sept ans avant la fondation de l'Académie française. Bien que cette Académie n'ait pas laissé de traces, et ne soit connue que par une lettre du président Favre à Gaspard Schifordegherus, on sait qu'elle avait adopté pour emblème un oranger avec la devise : *flores et fructus*.

Sur la proposition de M. Raymond, la Société académique a repris l'emblème de l'antique florimontane et l'a conservé jusqu'à ce jour.

SAINT-MARTIN

Le premier membre que la Société académique ait appelé dans ses rangs, par voie d'élection régulière, est le professeur Michel Saint-Martin, alors âgé de 27 ans. Il est à remarquer qu'il n'appartenait ni à la noblesse, ni aux fonctions élevées, et que ses opinions démocratiques avancées n'étaient point celles qui dominaient dans le petit cénacle des membres fondateurs. Cet exemple nous prouve que, dès sa fondation, l'Académie sut éviter l'esprit exclusif, les tendances politiques qui semblaient un danger pour son avenir.

Michel Saint-Martin est né à Chambéry le 11 mai 1796. Il était fils d'un notaire, qui lui donna une éducation très soignée. Il apprit l'histoire naturelle avec Daquin, l'astronomie avec Marcoz et la physique avec Socquet. Le jeune Michel écoutait avec enthousiasme les leçons de ces maîtres savants qui ont laissé leur nom dans l'enseignement, et qui lui ont communiqué l'amour de la science, qui devait faire la passion de sa vie.

A l'âge de 19 ans, il était déjà professeur de mathématiques à l'*école secondaire communale* de Chambéry. En 1816, après la restauration du gouvernement sarde, il fut nommé professeur de physique au collège royal qui remplaça l'école secondaire.

C'est alors qu'il devint un des membres les plus laborieux de la Société académique ; reçu le 5 janvier 1823, il y prononça, dès la séance suivante, un discours de remercîment. Il fut souvent chargé de rédiger des rapports ; entre autres sur la fabrique de savon de Mérande, — sur les produits de la carbonisation du bois, — sur les ponts en fil de fer, — sur les aciers, — sur les sucres de betterave, — sur l'analyse des eaux thermales de l'Échaillon.

Mais l'objet spécial de ses études, ce furent les paragrêles dont on cherchait à introduire l'usage en Savoie. Il en fut un des apôtres les plus convaincus, et fit de nombreuses communications à ce sujet à la Société académique. Erreur du physicien, mais tentative généreuse en faveur de l'agriculture si souvent dévastée par les tempêtes de l'athmosphère !

Lorsque les Jésuites prirent la direction du collège de Chambéry, en 1823, M. Saint-Martin perdit sa chaire de physique. Il se préparait au notariat, quand cette carrière lui fut fermée par une réduction générale du nombre des notaires. Il dut alors quitter Chambéry, en 1828, pour entrer dans les établissements d'horticulture créés en Italie par la maison Burdin.

Il y résida successivement à Massa, à Turin, à Parme, à Modène, à Florence, où il se lia avec les Ricasoli, les Ridolfi, les Matteuci et les autres initiateurs du mouvement italien. Il s'occupa beaucoup de la création des Sociétés agraires, qui, sous le couvert des progrès agricoles, travaillaient en secret à une réforme politique et à l'indépendance de l'Italie. Il composa de nombreux ouvrages, tant en français qu'en italien, dont son biographe, M. Bebert François, donne l'énumération suivante, sans en indiquer les dates, ni les éditeurs.

1. *Principes de physique élémentaire.*

2. *Enseignement du latin aux personnes qui savent le français.*

3. *Direction pour acquérir les premières notions sur les constellations.*

4. *Premières notions de cosmographie.*

5. *Mémorial pour la préparation aux examens d'arithmétique pour la maîtrise ès-arts.*

6. *Idées sur l'enseignement des mathématiques aux enfants.*

7. *Arithmétique des écoles primaires.*

8. *Théorie élémentaire de la botanique.*

9. *Un Discours sur l'histoire des sciences et de la physique en particulier, considérée dans ses rapports avec l'éducation de la jeunesse et avec l'histoire générale de l'humanité.*

10. *Joseph-Marie Socquet, docteur-médecin de la Faculté de Turin,* notice biographique et bibliographique. (Deux éditions complètement épuisées.)

11. *Consolations cholériques.*

12. *Costruzione del termosifone, ossia calorifero ad aqua.* (1837.)

13. *Concordances quotidiennes du calendrier républicain avec le calendrier grégorien.* (1847.)

14. *Lettre sur l'institution du marquis Ridolfi,* à Meleta (Toscane).

Il a laissé en outre de nombreux manuscrits, même des poésies, et surtout une esquisse d'observations sur *La Philosophie de l'histoire naturelle de J.-J. Virey,* et enfin des articles dans divers journaux.

En 1848, lors de la création du collège-pensionnat national de Chambéry, il y fut rappelé à sa chaire de physique, qu'il avait quittée à regret en 1823 ; il s'y retrouva avec la même ardeur juvénile, le même dévouement à la science.

Le 12 décembre 1859, il fut enlevé au milieu de ses travaux; à l'âge de 63 ans, ayant conservé jusqu'à son dernier jour la plénitude de ses facultés intellectuelles. Il était désintéressé et sans ambition, gai et simple avec ses amis. Ce qui le caractérisait comme professeur, c'était une précision mathématique, avec cela toujours plein de feu, ardent à communiquer les recherches ingénieuses que lui avait suggérées sa longue expérience des hommes et des choses.

Il a appartenu à plusieurs Sociétés scientifiques : Membre correspondant de la Société des sciences physiques et chimiques de Paris, de l'Académie des sciences physiques de Florence, président de la Société d'histoire naturelle de Savoie, membre effectif de l'Académie royale de Savoie et de la Société linéenne de Paris.

A sa mort, une souscription fut organisée pour lui élever un modeste monument au cimetière de Chambéry, surmonté par son buste en marbre de Carrare, dû au ciseau de M. Vallet, notre vaillant sculpteur.

Mgr BIGEX

Vers la même époque, la Société académique recevait au nombre de ses membres non résidants Mgr Bigex, évêque de Pignerol.

Mgr François-Marie Bigex est né le 24 septembre 1751, à la Balme de Thuy, près de Thônes (Haute-Savoie). Il avait un oncle plébain d'Évian, et un grand-oncle aumônier des Dames de Sainte-Claire de la même ville. Ces deux ecclésiastiques l'appelèrent auprès d'eux et mirent leurs soins à cultiver les heureuses dispositions qu'ils remarquaient en lui. En peu de temps, il parcourut les premières classes de latin dans le collège d'Évian, et quoiqu'il eût commencé ses études un peu tard, il avait terminé son cours de philosophie à seize ans. Alors il fut envoyé à Thonon pour entreprendre celui de théologie dogmatique. Il étudiait en même temps l'Écriture sainte et la langue grecque, dont un Père Barnabite, empressé de seconder son amour pour le travail, lui donnait des leçons assidues...

Après trois ans d'études théologiques, il alla se présenter à l'examen pour être admis au Séminaire d'Annecy. L'illustre évêque, qui occupait alors le siège de cette ville, doué d'une rare pénétration et habile à discerner le mérite, sut prévoir les services que les talents et la piété du jeune aspirant promettaient de rendre dans la suite à l'Église. M. Bigex fut reçu à l'unanimité des suffrages. Il passa une année au Séminaire. La capacité et les connaissances dont il donnait de jour en jour de nouvelles preuves firent juger qu'il méritait d'être formé sur un plus grand théâtre : on le fit partir pour Paris, où il fut admis au Séminaire de Saint-Sulpice.

Son cours de cinq ans étant terminé avec le succès le plus distingué, il obtint la faveur de commencer celui de la licence, deux ans avant le terme ordinaire.

Lorsqu'il eut achevé les deux années de préparation à la licence, son mérite lui fit assigner le second rang, et en cette qualité on lui adjugea une des pensions qui étaient accordées sur des bénéfices aux deux premiers sujets de la licence...

La princesse de Piémont (la bienheureuse Marie-Clotilde de France) avait recommandé l'abbé Bigex à la princesse Marsan, son ancienne gouvernante. Celle-ci lui fit obtenir une seconde pension, dont il a joui, ainsi que de la première, jusqu'à la Révolution française.

M. Bigex avait reçu en 1783, le grade de docteur de la Faculté de théologie... On avait essayé de le retenir à Paris ; mais Mgr Biord, qui n'aurait pu se résoudre à priver son diocèse d'un tel sujet, se hâta de l'attacher au diocèse d'Annecy par un canonicat. Après quelques mois, il recut des lettres de vicaire général. Après la mort de Mgr Biord, il fut d'abord vicaire capitulaire, puis vicaire général du nouvel évêque, Mgr Paget.

A l'époque désastreuse de 1792, Mgr Paget émigra en Piémont ; M. Bigex se retira à Lausanne, d'où il pouvait mieux surveiller la province d'Annecy. Outre les soins qu'il prenait des missionnaires et des fidèles du diocèse de Genève, la confiance que l'on avait en lui était telle, qu'il se trouvait chargé dans ces conjonctures difficiles de la direction de dix-neuf diocèses.

Pendant ce temps, il publia quelques écrits relatifs aux circonstances. Ce sont :

Une Instruction à l'usage des fidèles du diocèse de Genève.

Réponse d'un catholique savoisien à la lettre pastorale de l'évêque du Mont-Blanc.

Lettre à M. Panisset.

Le Catholique du Jura.

Le Missionnaire catholique qui fut imprimé à Lausanne, puis à Venise, traduit en italien, et encore à Clermont.

Lettre à un ami retiré à la campagne sur le projet d'établissement d'un théâtre à Annecy. (In-12, 1789.)

De la Sanctification des fêtes et dimanches, instruction pour ceux qui sont dans l'impossibilité d'assister au service divin. (1799.)

Règlement pour une Société de bons amis pour propager la religion, veiller au bien des missionnaires, etc.

Enfin le Concordat étant venu rendre la paix à l'Église, Mgr de Mérinville, ancien évêque de Dijon, fut appelé au siège de Chambéry, en 1803, et choisit M. Bigex pour un de ses grands vicaires.

C'est à Lausanne que M. Bigex avait conçu le plan de ses *Étrennes religieuses*, petit almanach catholique, qui eut pendant douze années consécutives le plus grand succès. Elles furent interdites, en 1810, pour avoir pris parti ouvertement pour le Souverain Pontife contre le tout-puissant empereur.

Mgr de Mérinville, ayant donné sa démission, fut remplacé, le 27 juillet 1806, par Mgr de Solles, qui confirma M. Bigex dans ses fonctions de vicaire général.

Après la Restauration, il fut nommé évêque de Pignerol en 1817. C'est là qu'il fut désigné par son mérite et ses écrits au choix de la Société académique, mais ne put être classé que parmi les membres non résidants.

Appelé au siège archiépiscopal de Chambéry en 1824, il

fut inscrit aussitôt parmi les membres résidants de l'Académie et accueilli comme tel par les membres de cette Société.

Il mourut à Chambéry, le 19 février 1827, sans avoir pu prendre part aux travaux de la Société à laquelle il témoigna toujours le plus vif intérêt.

Dans sa séance du 4 janvier 1824, la Société académique reçut cinq nouveaux membres, MM. de Chevillard, Charvaz, Rey, Burdet et Avet. Nous allons donner une courte notice sur chacun d'eux.

DE CHEVILLARD

Le colonel Victor-Joseph de Chevillard est né le 21 février 1757, à Aix-les-Bains, dans la jolie villa qui est devenue l'établissement des eaux minérales de Marlioz.

Le 17 mars 1773, il entra au service dans la marine sarde en qualité de garde-marine volontaire. Parvenu au grade de commandant de la marine, garde-côte de l'île de Sardaigne, il soutint plusieurs combats contre les corsaires barbaresques ; ainsi le 21 juillet 1790, il captura trois de leurs bâtiments et les conduisit au port de Cagliari, aux acclamations de tous les habitants de cette ville. Il envoya à l'église collégiale d'Aix trois des cinq pavillons pris sur les corsaires, ainsi que les fers d'un chrétien délivré de l'esclavage. Il fit hommage des deux autres pavillons et d'un sabre turc au roi Victor-Amé III, qui le décora de la croix de Saint Maurice, lui accorda une pension avec le grade et l'ancienneté de capitaine d'infanterie.

Le 3 janvier 1793, il attaqua deux chebecs de 18 canons et 14 pierriers chacun, commandés par Mohammed-Ziri, d'Alger, prit à l'abordage l'un des chebecs, pendant que l'autre se faisait sauter au moment où il allait être emporté. Ce nouvel exploit lui valut le titre de colonel commandant d'un régiment de troupes légères.

Il fit partie de l'armée du général baron Colli, chargée de la défense du col de Tende, des villes de Mondovi et de Coni. Après la défaite de l'armée austro-sarde et l'annexion du Piémont à la France, M. de Chevillard fut chargé, en l'an XI, de la levée du bataillon des tirailleurs du Pô, puis nommé colonel de la légion du Midi. Dans ces diverses fonctions, il se distingua par son activité et son intelligence ; accueilli fort gracieusement par l'empereur Napoléon le 2 floréal an XIII, il fut décoré de l'étoile d'officier de la Légion d'honneur ; il fut député du département du Mont-Blanc de 1809 à 1815.

Admis à la retraite après trente-trois ans de service, il se retira à sa villa d'Aix, fut syndic de cette ville après la restauration des rois de Sardaigne. Nommé membre résidant de la Société académique de Savoie, il s'y occupa principalement des questions agricoles. Ainsi, dans la séance du 21 mars 1824, il lut un Mémoire sur le dessèchement des marais, sur quelques moyens de diminuer, principalement dans les campagnes, la consommation des combustibles et d'augmenter les plantations d'arbres. Dans une autre séance, il faisait ressortir les avantages de la charrue belge, et indiquait les moyens de la propager en Savoie.

Il est mort à Aix en 1836.

M. BURDET

En même temps qu'elle recevait le vieux marin devenu agronome, la Société accueillait dans ses rangs un jeune magistrat qui avait débuté comme avocat des pauvres le 23 juillet 1822, plein d'espérances et de dévouement. Quatre ans plus tard, le 16 mars 1828, M. Claude Burdet était enlevé après une courte maladie. Son éloge académique, prononcé par M. Avet le 15 mai 1829, n'a malheureusement pas été retrouvé, et nous ne savons rien sur la naissance, la patrie, la carrière de cet ancien académicien.

Tout ce que nous avons conservé de lui, c'est un *Rapport sur cinq Mémoires relatifs à l'agriculture et à quelques mesures proposées pour l'utilité rurale, fait au nom d'une commission.* Ce rapport ouvre la série des publications de la Société académique et se trouve au vol. I de ses Mémoires, p. 45 et suivantes. Il appartient à la période où cette Société se vouait principalement à l'étude des questions agricoles.

M. AVET

Hyacinthe-Fidèle Avet est né le 24 avril 1788 à Moûtiers en Tarentaise. Son père, Laurent Avet, devenu sous-préfet de l'arrondissement de Moûtiers, l'envoya d'abord au lycée de Grenoble, où il remporta presque tous les premiers prix, puis à la Faculté de droit de la même ville. Il avait terminé ses études et débutait dans le barreau lors de la restauration de la monarchie sarde. Il fut appelé à faire partie de la magistrature comme substitut de l'avocat des pauvres à Conflans (8 novembre 1814), puis comme substitut de l'avocat fiscal général (13 février 1816); enfin comme sénateur au Sénat de Savoie (le 19 novembre 1819), aussitôt qu'il eut atteint l'âge réglementaire de 30 ans.

Le Sénat de Savoie, justement fier d'honorer la mémoire du savant président Favre, lui avait élevé un tombeau dans l'église métropolitaine de Chambéry, et, le 14 avril 1825, devait y faire transporter ses cendres, religieusement conservées dans l'église des Observantins de Sainte-Marie-Egyptienne. A cette occasion, le jeune magistrat composa un éloge historique dont il donna lecture à l'Académie dans les séances des 22 février et 22 août 1824.

Le 15 juin 1831, M. Avet fut appelé à Turin et attaché à la commission de législation, puis peu après, à la section des grâces, de justice et des cultes du Conseil d'État. Depuis lors il ne rentra plus en Savoie. Il ne cessa pas pour cela de communiquer à la Société académique des travaux intéressants, entre autres :

Notice sur M. le ministre Falquet. (1836.)

Nécrologie du marquis d'Allinges. (1840.)

Il ne nous appartient pas de le suivre ici dans la brillante carrière qu'il a parcourue à Turin, de 1831 à 1848. D'excellents travaux au Conseil d'État pour régler avec l'Autriche la propriété littéraire et artistique, des études pour la rédaction du Code civil, en 1837, du Code pénal, en 1841, le mirent en relief, lui valurent le titre de comte, le grand cordon de l'Ordre des Saints Maurice et Lazare, et enfin le poste de *premier secrétaire d'État pour les affaires ecclésiastiques, de grâce et de justice,* en 1843, équivalant à celui de ministre de la justice.

Dans ce poste élevé, il eut à conclure des conventions avec le Saint-Siège sur la question délicate des *immunités ecclésiastiques,* sur les *affaires ecclésiastiques de Sardaigne ;* il eut à compléter l'édifice législatif par la publication d'un Code de procédure criminelle et par l'érection d'une Cour de cassation. Il avait en même temps, pour couronner l'œuvre, promulgué, le 30 octobre 1847, un édit qu'on appela des *Réformes,* édit qui supprimait de nombreuses juridictions exceptionnelles, instituait des conseils électifs pour les communes et les divisions administratives : c'était un commencement de gouvernement représentatif.

L'enthousiasme fut immense, au premier moment ; on acclamait le souverain, et ses ministres jouirent d'un instant de popularité. Mais on n'allume pas impunément l'incendie révolutionnaire. Alléchés par les réformes, les meneurs demandèrent à grands cris une *Constitution.* Le roi Charles-Albert consulta d'abord son Conseil d'État, puis demanda au comte Avet un avis tout confidentiel. Celui-ci lui répondit par une lettre très sensée, où il reconnut la nécessité de céder au torrent populaire.

Le *Statut constitutionnel* fut promulgué le 4 mars 1848 ;

mais, comme il arrive toujours, la première victime de l'hydre révolutionnaire fut celui qui venait de la déchaîner. Dès le 7 mars, le ministère devait donner sa démission, et le comte Avet recevait sa retraite avec le titre de *ministre d'État*.

Il quittait le pouvoir, comblé d'honneur, mais resté pauvre après cinq ans de ministère. Il échoua même comme candidat à la députation dans son collège de Savoie. Retiré dans la vie privée, désenchanté, attristé des désastres de la patrie, il mourut à Turin, en 1855, âgé de 67 ans.

Nous avons à parler maintenant de deux prélats qui, reçus le même jour, n'occupèrent que peu de temps leur siège à la Société académique.

Mgr REY

Né à Mégevette, en Chablais, le 22 avril 1770, Pierre-Joseph Rey appartenait à une famille de modestes cultivateurs. Annonçant des talents, il fut destiné à l'état ecclésiastique et placé au collège des Pères Barnabites, de Thonon, puis au Grand-Séminaire d'Annecy. Comme il n'avait pas l'âge requis pour la prêtrise, il fut envoyé à Thonon comme professeur de philosophie.

C'est là qu'il fut saisi par la tourmente révolutionnaire et contraint d'émigrer à Lausanne, où il reçut les Ordres sacrés. Aussitôt qu'il fut prêtre, il comprit que son devoir le rappelait dans ses montagnes, où il resta caché jusqu'à la restauration du culte. Non seulement il évangélisait de vastes paroisses, mais il y avait créé une espèce de Petit-Séminaire, où il enseignait à la fois la grammaire, les lettres, les sciences, pour préparer des recrues au clergé.

Après la signature du Concordat, il accourut auprès de Mgr de Mérinville, évêque de Chambéry et Genève. Il fut nommé vicaire de la Métropole, et eut occasion d'y faire admirer son talent pour la prédication et son zèle pour la religion. En 1811 (le pape Pie VII étant prisonnier à Savone), l'abbé Rey s'employa activement pour lui faire parvenir des lettres des cardinaux alors assemblés à Paris. Condamné pour ce méfait, il obtint de faire sa prison dans le Grand-Séminaire de Chambéry. Nommé chanoine de la Métropole par Mgr Dessoles, il ne put voir sa nomination sanctionnée qu'après la chute de l'Empire.

Aux Cent-Jours, Mgr Dessoles, appelé à Paris, laissa à Chambéry le chanoine Rey comme vicaire général. Mais par suite d'un regrettable malentendu, celui-ci crut devoir se soustraire à la responsabilité de cette charge, et se retirer en Chablais. Mgr Dessoles le blâma et le laissa sans emploi.

Ce fut peut-être un bonheur pour le clergé et surtout pour le jeune prêtre. Il avait conçu le projet de fonder et répandre en France les retraites ecclésiastiques. Il commença par Chambéry, en 1815, puis à Grenoble, où son succès fut immense. Appelé de proche en proche, il évangélisa Valence, Crest, Romans, Meximieux, Digne, le Puy en Velais, Belley, la Roche, puis dans les grandes villes, Lyon, Montpellier, Toulouse, Carcassonne, Bordeaux, où l'évêque le prit en grande affection et le nomma chanoine honoraire. De toutes parts, on le réclamait pour prêcher des Carêmes, des Avents et surtout des retraites pastorales, qui étaient toujours son œuvre de prédilection.

Il fut appelé à Paris pour prêcher une retraite devant plusieurs évêques et docteurs de Sorbonne. Un digne ecclésiastique s'étonnait de voir qu'*un Savoyard eût la témérité de venir prêcher au clergé le plus éclairé de la catholicité.* M. Rey répondit avec calme : *Monsieur, je ne me suis ni appelé, ni envoyé : Appelé par S. Em. le cardinal-archevêque de Paris, je suis envoyé par mon évêque. C'est au Seigneur maintenant à faire le reste.* Le lendemain, dans son discours d'ouverture, il fit une heureuse allusion à cet incident et gagna la faveur de tout son auditoire.

L'archevêque de Bordeaux ayant perdu un de ses suffragants, Mgr l'évêque d'Angoulême, obtint ce siège pour l'abbé Rey, dont il admirait le talent. Mais il fallait pour l'y appeler l'autorisation du roi Charles-Félix. Ce prince se montra inflexible ; il tenait trop, disait-il, à un sujet qui faisait tant d'honneur à son royaume et lui réservait le premier évêché vacant.

Ce fut celui de Pignerol, où il fut installé le 24 mai 1824. Je n'ai pas à le suivre dans ce poste, ni à raconter les œuvres qu'il y fonda pendant ses huit années d'épiscopat. Aussi estimé en Piémont qu'en France, il dut aller prêcher à Turin une station de jubilé aux chevaliers de l'Ordre des Saints Maurice et Lazare. L'affluence fut si grande qu'il fallut mettre des sentinelles aux portes de l'église et ne laisser entrer que les personnes munies de billets.

Ce fut lui encore qui fut chargé de prononcer les oraisons funèbres des rois de Sardaigne Charles-Emmanuel IV et Victor-Emmanuel à Chambéry, comme aussi celle du roi de France Louis XVIII, à Turin, devant la cour.

Transféré au siège d'Annecy, en 1832, il ne quitta qu'à regret son diocèse de Pignerol, qu'il avait pris en affection. Là, il sut encore multiplier les fondations diocésaines et trouver le temps de prêcher, malgré l'âge et la fatigue, des retraites pastorales à Lyon, à Besançon, jusqu'à sa mort, arrivée le 31 janvier 1842.

Il était chevalier grand'croix de l'Ordre des Saints Maurice et Lazare, il avait le titre de conseiller d'État des États Sardes. Nommé membre de la Société académique le 4 janvier 1824, il quitta Chambéry le 24 mai de la même année, ayant eu à peine le temps de prendre possession de son fauteuil. Ce sera toujours pour cette Société un honneur de l'avoir compté dans ses rangs.

Mgr Rey a peu écrit, seulement des mandements et quelques brochures de circonstance. Sa spécialité fut la prédication, la parole chaude, vibrante, entraînante de l'improvisation. Le R. P. de Mackarty, qui était à Annecy gravement malade, presque mourant, ne pouvait résister au plaisir de suivre ses sermons. Il disait : *Je n'en puis plus de douleur, .. mais l'éloquence de cet évêque m'enchante. Elle a des charmes contre lesquels je ne sais pas me défendre. C'est ainsi, je crois, que les Augustins, les Chrysostôme instruisaient les peuples.*

Ce qui était surtout merveilleux, c'était sa conversation pleine de cœur et pétillante d'esprit. Je n'en citerai qu'un trait. Ami intime de Mgr Billiet, que nous avons tous connu si prudent, si réservé dans sa tenue, il lui disait : *Je sais bien que je suis dans ce cœur, que j'y tiens une bonne place ; mais j'y ai froid ! On y gèle !*

Mgr CHARVAZ

Mgr André Charvaz est né à Hautecour, près de Moûtiers, le 25 décembre 1793, de cultivateurs aisés et chrétiens qui, de bonne heure, le destinèrent au sacerdoce. Ils le placèrent dans une petite école qu'avait ouverte M. l'abbé Roux, curé d'Hautecour.

Un de ses anciens condisciples, M. Antoine Avet, raconte dans ses souvenirs de cette époque : « Tous les enfants « l'aimaient et se faisaient un bonheur de consacrer leurs « moments de loisir à son instruction. Mon frère aîné « (Hyacinthe-Fidèle, celui qui fut ministre de la justice) « répétait avec un juste orgueil qu'il lui avait donné les « premières leçons d'écriture.... Il m'a inspiré, dès cette « époque déjà bien éloignée, la fraternelle amitié que les « années ont rendue plus dévouée encore. Nous avions le « même âge ; j'avais alors plus que lui l'habitude du « monde, et cependant je me rappelle que c'était l'enfant « du village qui intimidait l'enfant de la ville. Je rendais « ainsi un hommage instinctif à sa supériorité, dont lui « seul, dans sa candeur, ne se doutait pas. »

A l'âge de quinze ans, il entra au collège de Moûtiers pour y suivre les cours de philosophie, puis au Grand-Séminaire de Chambéry, pour sa théologie. Il était professeur de rhétorique au collège de Moûtiers, attendant d'avoir l'âge requis pour les Ordres sacrés, lorsqu'un concours s'ouvrit à Turin pour une place gratuite au collège des provinces. Il s'y présenta, et, ayant réussi, il alla prendre son doctorat en théologie à l'Université de Turin.

Revenu en Savoie, il fut successivement vicaire de Beaufort, professeur de philosophie au collège de Moûtiers, curé de Villette, puis professeur de théologie au Grand-Séminaire de Chambéry. Mgr Bigex, en arrivant dans le diocèse, le choisit pour secrétaire-chancelier, le nomma chanoine honoraire, puis vicaire général.

Le prince de Carignan cherchait un précepteur pour ses enfants Victor-Emmanuel, duc de Savoie, et Ferdinand, duc de Gênes; il demanda le jeune chanoine Charvaz, qui s'acquitta avec succès de sa haute et importante mission et sut se gagner la confiance et l'affection de ses élèves.

Devenu roi de Sardaigne, Charles-Albert appela le précepteur de ses fils à l'évêché de Pignerol, vacant par la translation de Mgr Rey à Annecy. Il fut sacré le 9 mars 1834, à Chambéry.

Nous n'avons pas à énumérer ici ses travaux apostoliques dans son diocèse : Maison de Frères des Écoles chrétiennes, écoles d'adultes, écoles de filles, salles d'asile, fondation de missionnaires, hôpital pour les pauvres.... Nous ne devons parler que de ses publications.

En 1836. *Recherches historiques sur l'origine des Vaudois, sur le caractère de leurs doctrines primitives.* (Paris, Périsse, 1 vol. in-8°.)

De 1840 à 1850 : *Guide du catéchumène vaudois,* ou *Cours d'instructions destinées à lui faire connaître la vérité de la religion catholique.* Ouvrage utile à tous les dissidents. (Paris, Lecoffre, 5 vol. in-8°.)

1843. *Synodus diocœsana Pinaroliensis.* (Pinarolii, 1843, 1 vol. in-8°.)

1844. *Considérations sur le protestantisme,* ou *Discours prononcé à l'occasion de la conversion de vingt-quatre Vaudois.* (Pignerol, 1844, in-12.)

Au milieu de ses travaux apostoliques, un incident vint

briser sa carrière. Le *Statut constitutionnel*, inauguré en 1848, soumettait à la censure laïque les livres, catéchismes, mandements des évêques. Bien qu'excepté de ce contrôle par un privilège tout personnel, Mgr Charvaz ne voulut pas séparer sa cause de celle de l'épiscopat. N'ayant pas obtenu le retrait de la loi, il donna sa démission et rentra dans sa solitude du Mont-Saint-Michel ou des Cordeliers, près de Moûtiers, avec le titre d'archevêque de Sébaste *in partibus infidelium*.

Il y vivait tranquille, lorsque son royal élève, devenu le roi Victor-Emmanuel II, désirant mettre fin à une longue vacance du siège archiépiscopal de Gênes, s'entendit avec le Souverain Pontife Pie IX, pour y appeler Mgr Charvaz, le seul homme qui pût triompher des difficultés de cette situation délicate. Sa nomination était considérée comme un gage de réconciliation entre la monarchie et le Saint-Siège.

Après de longues résistances et des refus formels, il fut obligé de céder aux ordres du Souverain Pontife, et il prit possession de son siège le 23 janvier 1853.

Il y trouva de nombreux abus à réformer ; mais ce qui lui causa le plus d'ennuis, ce furent les divisions politiques de son clergé. Beaucoup de prêtres hostiles à toute innovation ne cherchaient qu'à entraver la marche de l'État comme l'administration du diocèse. Ils regardaient leur nouvel archevêque comme suspect de *modérantisme*. Il écrivait à ce sujet au cardinal Antonelli : « Votre Éminence se fera « une juste idée de l'esprit qui anime les chefs de ce « parti, quand je lui dirai que ce sont les mêmes hommes « qui attribuent à Pie IX d'être, en grande partie, la cause « des maux de l'Italie, et qui s'imaginent de me faire à « moi une grande injure en m'appelant *un petit Pie IX*... »

Les marques de haute estime que le roi ne cessait de prodiguer à son ancien précepteur semblaient justifier ces soupçons ; en effet, ce fut lui qui fut chargé de préparer à la première communion et d'administrer le sacrement de confirmation au prince Humbert et à sa sœur la princesse Marie-Clotilde.

En 1855, il dut assister aux funérailles de la reine Marie-Adélaïde, et prononcer son oraison funèbre ; — en 1866, il prononça celle du prince Odon, duc de Montferrat.

En 1862, il bénit le mariage de la princesse Marie-Pie avec le roi Louis Ier de Portugal. A cette occasion, il fut décoré par le roi du grand collier de l'Ordre de l'Annonciade, le plus haut degré d'honneur dans la monarchie sarde et qui le rendait *cousin du roi.*

Comblé de faveurs, ayant réussi à réconcilier son clergé, à s'assurer toutes les sympathies de ses diocésains, il fut contraint, en 1868, par l'état de sa santé, de se démettre de son siège et de venir se reposer dans ses chères montagnes de Tarentaise. C'est là qu'il s'éteignit doucement le 18 octobre 1869.

Comme Mgr Rey, il est un de ceux qui honorent la Société académique de Savoie, dont il fut membre résidant assidu, de 1824 jusqu'à son départ pour Turin, en 1826. Il y avait même commencé la lecture d'un *Éloge historique et littéraire de S. E. le cardinal Gerdil ;* nous le trouvons imprimé dans les *Œuvres pastorales et oratoires de Mgr André Charvaz* (vol. IV, page 342), pieux monument élevé à la mémoire de l'illustre archevêque par son secrétaire l'abbé Jorioz. (Paris, Josse, 1880.)

BISE JEAN

Le seul membre que l'Académie ait reçu dans son sein, en 1825, est M. Bise, ancien professeur de belles-lettres et bibliothécaire de la ville de Chambéry. « Homme simple, « laborieux, désintéressé, comme le disait M. le docteur « Carret[1], dans son discours de réception, M. Bise ne « devait qu'à lui-même l'instruction qu'il semblait n'avoir « acquise que pour la communiquer aux autres. Littéra- « teur modeste, professeur dévoué, il se fit autant d'amis « qu'il avait eu d'élèves... »

Nous apprenons cependant par la réponse faite par M. le président, M. le comte de Vignet, au même discours de réception, que M. Bise avait suivi les cours de l'école normale de Paris et avait été reçu membre de l'athénée.

« Son zèle pour l'accroissement de la bibliothèque publi- « que, dit-il, la simplicité de ses manières et la rare com- « plaisance qu'il montrait dans ses fonctions de bibliothé- « caire, sont encore présents à tout le monde. »

Pour moi, dans mes lointains souvenirs, je vois toujours ce petit vieillard, vif, alerte, conservant la poudre et la queue traditionnelle. Il n'a lu à la Société académique qu'un seul Mémoire, sous ce titre : *Quelques idées sur la bibliographie*, qui n'a pas été imprimé.

Il est mort en chrétien, l'an 1841.

[1] Je ferai observer, en passant, que déjà en 1841, notre Académie demandait aux récipiendaires de tracer la biographie de l'un de leurs prédécesseurs ; et par ces quelques souvenirs consacrés dans le discours de réception de M. le docteur Carret, on voit combien cette pratique serait avantageuse à notre Compagnie, si elle y était généralisée.

Le Chanoine CHUIT

Né à Morzine le 1er octobre 1785, M. Chuit fut, comme M. Bize, professeur de belles-lettres au collège royal de Chambéry. En 1826, il fut nommé chanoine et la même année membre de la Société académique. Bien différent en cela de son collègue, il en fut un des membres les plus laborieux.

Il y a publié d'abord, dans le tome IV de la Ire série de nos Mémoires une *Notice historique sur les Allobroges et les anciens habitants des contrées qui composent aujourd'hui le duché de Savoie*. Cette notice se consulte encore aujourd'hui avec fruit, et reste le travail le plus complet sur les premiers habitants de nos vallées.

Dans le tome VI, se trouve une *Notice historique sur la vie et les travaux du Père Claude Le Jay, natif d'Aise, en Faucigny*. Dans le tome VII : *Tableau numérique des personnes qui, nées en Savoie depuis l'an 1000 jusqu'en 1790 inclusivement, ont laissé des preuves de leurs succès dans les lettres, les sciences et les arts*. L'auteur cherchait, comme on le pense, à démontrer que la Savoie, sous ce rapport, n'est inférieure à aucune des contrées voisines, même les plus favorisées.

Il a lu en outre un *Mémoire sur la vallée d'Aulps*, puis un autre sur les *Tombeaux et rites funèbres des Hébreux et des premiers chrétiens*, qui n'ont pas été livrés à l'impression.

Devenu archidiacre du chapitre métropolitain, M. Chuit est mort le 4 mai 1854.

Le Chanoine DÉPOMMIER

Un autre chanoine, un autre professeur, a été reçu en même temps, dans l'année 1826, c'est M. Dépommier, né aux Clés, dans la vallée de Thônes, le 27 mars 1794, professeur de philosophie au Grand-Séminaire de Chambéry.

Dans son discours de réception prononcé le 23 avril 1826, il fait un juste éloge des fondateurs de la Société académique de Savoie et de la sage direction qu'ils ont su lui donner.

L'année suivante, il lit une *Notice historique sur Saint-Bernard de Menthon,* imprimée au vol. III de la 1re série des Mémoires.

En 1828, au moment où tous les esprits étaient occupés de l'essai sur l'indifférence de l'abbé de Lamennais, c'était une *Dissertation sur la doctrine du sens commun considéré comme fondement de la certitude*. Dans cet écrit, le jeune philosophe, en s'appuyant sur les déclarations mêmes de l'auteur, cherche à atténuer ce que la thèse du *sens commun* aurait de trop absolu, de contraire à la saine raison.

Devenu supérieur du Grand-Séminaire le 1er mai 1828, il fut dès lors absorbé par ces délicates fonctions et n'eut plus de loisirs à consacrer aux travaux littéraires ou scientifiques.

Il fut nommé chanoine en 1840, puis archidiacre et prévôt du chapitre en 1860. Depuis le 11 mai 1847, il était vicaire général du diocèse. Il est mort le 2 mai 1862, dans sa soixante-huitième année.

La Société académique, en élisant MM. Bise, Chuit et Dépommier, avait voulu faire place dans ses rangs aux membres les plus distingués du corps enseignant de Chambéry. La même année 1826, elle admettait l'abbé Vibert, tout jeune encore et donnant déjà les plus belles espérances.

Mgr VIBERT

Mgr François-Marie Vibert est né à Yenne le 14 août 1800. Appartenant à une famille aisée de la bourgeoisie, il reçut une éducation soignée, à laquelle il dut ce cachet de distinction qu'il garda toute sa vie.

Reçu docteur en théologie à l'Université de Turin, bien jeune encore, en 1821, il alla compléter ses études sacerdotales au Séminaire de Saint-Sulpice de Paris.

Dès son retour en Savoie, il fut nommé chancelier de Mgr Bigex, et installé à l'archevêché de Chambéry.

Le 10 septembre 1826, il fut reçu membre effectif de la Société académique de Savoie. Il en était certainement le plus jeune membre ; et depuis sa fondation jusqu'à ce jour, je ne crois pas qu'elle ait admis un autre candidat à l'âge de 26 ans.

Tout semblait sourire à ce jeune prêtre : le plus brillant avenir s'ouvrait devant lui !

La même année, il publiait une *Notice historique et descriptive de la royale abbaye d'Hautecombe*, qu'il signait déjà Vibert, chanoine de la Métropole de Chambéry.

En 1828, dans l'église d'Hautecombe, qui venait d'être relevée de ses ruines, en présence du roi Charles-Félix et de la reine Marie-Christine, il prononçait le panégyrique des princes de la Maison royale de Savoie, qui y ont leur tombeau. Ce discours remarquable fut imprimé à Chambéry, puis traduit en italien et imprimé à Modène, en 1829.

Homme de lettres délicat, doué d'un tact exquis, c'était toujours lui qui était chargé des oraisons funèbres des personnages les plus éminents : celle du général de Boigne, dans la Métropole de Chambéry, le 19 août 1830 ; celle du roi Charles-Félix, dans l'église d'Hautecombe, le 11 mai 1831, jour de sa sépulture. Elle a été imprimée à Chambéry, à l'imprimerie du gouvernement.

Nommé évêque de Maurienne en 1841, il y fit son entrée le 24 juin, et gouverna ce diocèse pendant plus de trente ans.

Dès son arrivée, il obtenait du gouvernement des subventions pour rebâtir deux ailes de son palais épiscopal. Il y publia plus de cent-vingt lettres pastorales, mandements ou circulaires à son clergé, dont il était fort estimé.

Quand il voulut bâtir à Saint-Jean de Maurienne une maison de missionnaires, il n'eut qu'à faire un appel, à ouvrir une souscription bien vite couverte de signatures, et l'œuvre fut fondée.

Après des débuts si heureux et surtout si précoces, Mgr Vibert semblait appelé à de hautes destinées. Mais dans ce ciel si pur, des nuages s'élevèrent et obscurcirent les dernières années de sa vie. Après trente années d'épiscopat, il dut se retirer à Yenne, sa patrie, et y finit, six mois après, le 30 octobre 1876, une vie commencée sous de si brillants auspices.

Tout enfant, je me rappelle avoir vu, dans l'église métropolitaine de Chambéry, Mgr Bigex, officier pontificalement, assisté de ses deux acolytes, les abbés Charvaz et Vibert. Je ne pouvais me rassasier de les admirer dans leur brillant costume... Entre ces deux destinées, quel contraste ! Le fils du paysan d'Hautecour devient archevêque de Gênes, grand collier de l'Annonciade, *cousin du roi*, honoré de la confiance, de l'amitié de son souverain. Le brillant orateur de 1828, l'enfant gâté de la fortune, nommé tout jeune à un évêché, vient échouer dans sa ville natale, y mourir obscur, délaissé de tous. Personne n'a signalé sa mort, n'a écrit sa vie ; c'est à grand'peine que nous parvenons à en ressaisir quelques traits !

Mgr Vibert n'a jamais fait aucune communication à la Société académique.

En 1825, le gouvernement avait créé à Chambéry une Chambre royale d'agriculture et de commerce, et cette Société avait nommé pour son vice-président le comte de Mouxy-de Loche, président de la Société académique. Pour répondre à cette avance et à cette preuve de bonne confraternité, celle-ci élut pour un de ses membres M. le comte Marin secrétaire de la Société naissante, qui d'ailleurs était, à tous égards, digne de cet honneur.

Le Comte MARIN Louis-Joseph

Le comte Marin appartenait à une famille honorable de Chambéry. Son aïeul, avocat célèbre, avait été nommé, en 1771, sénateur au Sénat de Savoie. Pour lui, riche propriétaire, il donnait tous ses soins à son domaine de Servolex, dont il avait fait une ferme modèle.

Il avait publié, en 1821, une brochure politique, sous ce titre étrange : *De l'Influence des sciences oiseuses sur l'ordre social* ; il y combattait les tendances des agitateurs, qui, sous prétexte de progrès, sapent les bases des croyances religieuses et des institutions sociales.

En 1824, il avait adressé à la Société académique et imprimé une *Notice historique sur le duc de Savoie Emmanuel-Philibert.*

Reçu membre de la Société le 27 mars 1827, il fut un de ses collaborateurs les plus actifs. En 1830, il publia un *Éloge historique du général de Boigne;* il lui lut ensuite des *Considérations sur le progrès de l'esprit humain au XIXe siècle ;* une note philosophique intitulée : *De la principale cause de nos erreurs;* un travail économique : *De la répartition des impôts ;* un travail littéraire : *Réflexions sur le romantisme.*

Mais son attention se concentra particulièrement sur l'agriculture et sur les améliorations pratiques à introduire dans notre pays ; ainsi sur les *défrichements*, sur le *parcours et la vaine pâture*, sur la *grande*, la *moyenne* et la *petite culture considérées dans leurs rapports avec la prospérité publique ;* il publia enfin un grand nombre de travaux dans les Mémoires de la Chambre d'agriculture et de commerce.

Le comte Marin est mort en 1850.

M. RAYMOND Jean-Baptiste

Depuis le jour de sa fondation, la Société académique avait inscrit au nombre de ses membres non résidants M. Raymond Jean-Baptiste, frère aîné de son secrétaire perpétuel, *ingénieur-géographe et capitaine à Paris,* fort connu par sa *carte militaire des Alpes.*

Lorsqu'il se retira du service militaire et vint se fixer à Chambéry, sa patrie, il fut de droit inscrit au nombre des membres résidants de la Société académique.

Il lui fit d'abord hommage de sa belle carte, restée sans rivale jusqu'à ce jour, soit pour l'exactitude de son tracé, soit comme perfection typographique. Il y ajouta six feuilles par lui dessinées à la main et qui complètent la chaîne des Alpes, depuis l'embouchure du Var jusqu'aux sources du Danube.

Il lui avait déjà donné, le 15 mai 1826, une petite carte physique et minéralogique du Mont-Blanc, avec les montagnes et les vallées qui l'avoisinent.

Le 19 mars 1827, il lui lut les premières pages d'un ouvrage sur les *Reconnaissances militaires,* que la mort ne lui permit pas d'achever. Il est décédé en 1830. Un autre militaire avait été reçu comme lui membre effectif.

Général Comte DE BOIGNE

Le 26 décembre 1824, la Société académique avait reçu au nombre de ses membres résidants l'illustre général Benoît de Boigne, dont les merveilleuses aventures semblent un conte fantastique des mille et une nuits, ou plutôt une légende des chevaliers de la table ronde.

Nous n'avons pas à redire ici cette histoire. Il nous faudrait un volume entier pour la résumer ; elle a d'ailleurs été fort bien racontée par M. le comte Marin d'abord, puis par le chanoine Jean-Louis Turinaz[1], tous deux membres de notre Académie, et enfin dernièrement encore par M. Victor de Saint-Genis.

Mais il est un théâtre moins lointain où le général de Boigne s'est signalé par des hauts faits tout aussi éclatants que ses campagnes militaires au service du rajah Mahadji-Sindhia. C'est la ville même de Chambéry, dont il devint le bienfaiteur légendaire, et où l'on ne saurait assez rappeler ses fondations généreuses. C'est cette série spéciale d'exploits qui lui a surtout ouvert les portes de la Société académique.

« Si la divine Providence, dit le général dans le préam-
« bule de l'un de ses actes de fondation, par une bonté
« spéciale, a daigné couronner de succès la carrière mili-
« taire que j'avais embrassée et que j'ai eu à parcourir, elle
« m'a en même temps comblé des dons de la fortune au-

[1] C'est par erreur que M. Victor de Saint-Genis attribue cet *éloge historique* de Mgr Turinaz, devenu depuis évêque de Tarentaise (*le général comte de Boigne*, p. 320, en note). Il est l'œuvre du neveu de l'évêque, M. le chanoine Turinaz, membre de la Société académique, mort en 1847, vicaire général de Mgr Billiet, comme nous le verrons plus loin.

« delà de mes faibles talents, de mon attente, je dirai « même de mes désirs. N'ayant jamais eu de grands be- « soins, je n'eus jamais une ambition démesurée de riches- « ses. Sans héritage de mes pères, tenant tout du Ciel, je « pense devoir en faire hommage à l'auteur de tant de « biens. La reconnaissance et notre sainte religion m'en « font un devoir, et me dictent l'usage que j'en dois faire « pour le soulagement des malheureux.

« Revenu dans ma patrie par l'impulsion de mon cœur « et par mon libre choix, mes premiers désirs et mes « premières pensées furent d'appeler mes concitoyens au « partage des bienfaits dont la Providence fut si libérale à « mon égard. »

Voyons comme il sut remplir ce noble programme. Pour cela, nous n'avons qu'à transcrire la liste de ses nombreuses fondations à Chambéry, telle que nous la trouvons dans Victor de Saint-Genis :

I° *Assistance publique.*

	SOMMES	
1. Frais de construction de bâtiments à l'Hôtel-Dieu de Chambéry[1]	fr. 63.000	»
2. Fondation d'une place aux Orphelines.	7.300	»
3. Fondation de trois lits à l'Hôtel-Dieu pour les pauvres malades...........	22.400	»
A reporter...	92.700	»

[1] Je saisis cette occasion pour rappeler que, par acte St Martin notaire, du 15 octobre 1814, M. de Boigne a donné 17.700 francs à l'Hôtel-Dieu, dont 3 000 sont destinés à rétablir le portail sur les boulevards. C'est ce premier bienfait qui est rappelé dans l'inscription latine qui décore, ou plutôt déshonore ce portail. Sur le montant de gauche est un charmant dystique, qui n'a que le tort d'être pillé dans Claudien, poète de la décadence romaine. Sur le montant de droite est un autre dystique, œuvre probablement d'un collégien savoyard, qui ne brille que par les barbarismes, les solécismes les plus scandaleux : *Infirmis aditus proecefs*

Report...	92.700	»
4. Fondation de quatre lits à l'Hôtel-Dieu pour les voyageurs étrangers malades et pauvres, de quelque nation ou religion qu'ils soient..................	24.000	»
5. Fondation d'une succursale de dix lits, à la Charité, pour les maladies contagieuses non admises à l'Hôtel-Dieu....	122.000	»
6. Fondation du Dépôt de Mendicité de Chambéry........................	649.150	»
7. Fondation de l'Asile de la Vieillesse ou Maison de Saint-Benoît............	900.000	»
8. Fondation de l'Asile des Aliénés, au Betton..........................	400.000	»
9. Rente perpétuelle de 1.200 fr. aux pompiers de Chambéry, pour secours aux malades et blessés............	24.000	»
10. Rente perpétuelle de 1.650 fr. pour secours à distribuer chaque semaine en linge blanc et vivres aux prisonniers pauvres..........................	33.000	»
11. Rente perpetuelle de 1.200 fr. pour les pauvres honteux de la ville, à distribuer à domicile et discrètement....	24.000	»
A reporter...	2.272.850	»

quem averterat oestas Deboigni donis amplior ecce patet (oetas pour *œtas, — proeceps* pour *præceps, — averterat* pour *everterat). Deboigni, aditus,....* sont également déplacés.

Nous voudrions qu'on rétablit au moins l'orthographe, ou mieux encore qu'on supprimât le tout et qu'on remplaçât la mauvaise inscription latine par deux mots en français : *Portail restauré aux frais du général de Boigne,* et en face : *Donation du 15 octobre 1814.*

Parmi tant d'étrangers qui s'égaient aux dépens des éléphants de la fontaine dessinée par l'architecte Sappey, de Grenoble, je m'étonne qu'aucun n'ait relevé encore cette bévue, dont auraient réellement à rougir les habitants de Chambéry! Je voudrais au moins dégager la responsabilité de l'Académie de Savoie.

Report...	2.272.850 »

IIº Instruction publique.

12. Réorganisation du collège de Chambéry........................	270.000 »
13. Rente perpétuelle de 150 fr. aux Frères de l'École chrétienne qui instruisent gratuitement les enfants pauvres.....	3.000 »
14. Rente perpétuelle de 150 fr. aux Sœurs de Saint-Joseph qui instruisent gratuitement les filles..................	3.000 »
15. Rente perpétuelle de 1.000 fr. à la Société académique de Chambéry pour encourager les lettres, les arts et l'agriculture........................	20.000 »

IIIº Travaux publics.

16. Don à la ville de Chambéry pour démolir les cabornes et assainir la ville, par l'ouverture d'une grande avenue transversale....................	300.000 »
17. Pour construire un théâtre..........	60.000 »
18. Pour réparer l'Hôtel-de-Ville........	50.000 »
19. Pour divers travaux, la propriété du domaine de Chatenay et d'autres valeurs.	320.000 »
20. Pour bâtir l'église des Capucins.....	30.000 »
21. Pour le clocher de Barberaz.........	5.000 »

IVº Fondations religieuses et d'intérêt public.

22. Rente perpétuelle de 6.500 fr. à la Métropole de Chambéry pour la maîtrise.	130.000 »
23. Rente perpétuelle de 1.250 fr. à la Compagnie des nobles Chevaliers-Tireurs........................	25.000 »
TOTAL...............	3.484.850 fr.

Voilà certes de beaux titres de noblesse. Aussi n'est-il pas surprenant que le roi Victor-Emmanuel y ait ajouté, par lettres-patentes du 7 juin 1816, la dignité héréditaire de comte, que le roi Charles-Félix l'ait nommé lieutenant-général de ses armées, le 25 septembre 1822, et grand'-croix de l'Ordre des Saints Maurice et Lazare, le 14 mai 1824.

Revenons maintenant à la Société académique de Savoie. Dans la séance du 22 avril 1827, le président lui annonce qu'il s'est transporté, avec le secrétaire perpétuel et le chanoine Rendu, auprès de M. le général comte de Boigne, pour lui faire hommage du second volume des Mémoires de la Société ; qu'à cette occasion, le général leur a fait part de son intention de donner à cette Société un revenu annuel de mille livres, pour l'aider à subvenir à ses dépenses. La Société exprime hautement sa reconnaissance, et lui décerne, par acclamation, le titre de *président honoraire perpétuel de la Société.*

Pour pouvoir accepter régulièrement cette donation, la Société devait faire des démarches auprès du roi pour être reconnue officiellement et autorisée à recevoir les donations et les libéralités testamentaires.

Le roi accueillit favorablement cette demande par Lettres Patentes du 23 juillet 1827, il s'exprime en ces termes bien flatteurs pour la Société naissante.

« Depuis la Restauration, quelques habitants de Cham-
« béry, amis zélés du bien de leur pays, ayant formé une
« Société, dont les vues nous ont paru tournées vers l'in-
« térêt général et à l'avantage particulier de notre duché
« de Savoie, Nous avons daigné accorder à cette Société
« un premier encouragement, en lui assignant un revenu
« annuel, par notre billet royal du 1er octobre 1824 ; et la

« ville de Chambéry, reconnaissant l'inappréciable utilité « de ses travaux, s'est empressé de seconder son zèle en « lui assurant un local pour la tenue de ses assemblées.

« Depuis lors, la Société académique de Savoie, à la « faveur d'une existence affermie, a pu régulariser ses opé- « rations et donner à ses travaux une telle activité, qu'elle « a déjà publié deux volumes de Mémoires, auxquels ont « applaudi des savants de divers pays.

« Ces diverses considérations Nous ont déterminé à « donner maintenant à cette Société non seulement une « existence légale, mais encore de nouvelles preuves de « Notre satisfaction, et particulièrement à confirmer une « fondation qu'a déjà faite en sa faveur le général comte « de Boigne, l'un de ses membres.

« C'est pourquoi, de Notre science certaine et autorité « royale, eu sur ce l'avis de Notre Conseil, Nous avons ap- « prouvé et approuvons la Société académique établie à « Chambéry, ainsi que les statuts qu'elle a faits, et qui « seront annexés aux présentes, après avoir été visés, de « Notre ordre, par notre premier secrétaire d'État pour les « affaires internes ; et en la prenant sous Notre spéciale « protection, Nous lui accordons le titre de *Société royale* « *académique de Savoie*.

« Pour la mettre toujours plus à même de répondre au « but de son institution et lui donner en même temps un « nouveau témoignage de Notre royale munificence, Nous « avons approuvé et approuvons, en la convalidant en « tant que de besoin, la fondation faite en sa faveur par « le général comte de Boigne, par acte du 18 mai dernier, « Morand notaire, déclarant au surplus ladite Société « habile à recevoir et accepter à l'avenir toutes dispositions « à titre gratuit, soit par actes entre vifs, soit par actes de

« dernière volonté, aux termes des Patentes Royales du 9
« février 1816 ; enfin, Nous lui avons assigné et assignons
« de Notre côté l'annualité de mille livres nouvelles à partir
« du 1er janvier prochain, laquelle lui sera payée par le
« Trésorier de Notre administration économique de l'Inté-
« rieur, par quartier et à leur échéance ; étant néanmoins
« comprise dans cette annualité, celle dont il Nous avait
« plû la gratifier par Notre Billet royal du 1er octobre 1824,
« qui cessera à ladite époque.

« Mandons à Notre Sénat de Savoie d'enregistrer les pré-
« sentes, ainsi que les statuts y annexés, et à quiconque il
« appartiendra, de les observer suivant leur forme et teneur,
« car ainsi nous plaît.

« Données à Govon, le 23 juillet 1827, et de Notre règne
« le septième.

« Signé : CHARLES-FÉLIX, et plus bas, ROGET DE CHOLEX.

« Enregistré au Sénat de Savoie le 14 août 1827. »

C'est ainsi que la donation généreuse du général comte de Boigne a été le signal d'une nouvelle ère pour la Société académique. Nous pouvons dire que notre Académie passe par là de la période première de son enfance à l'âge de l'adolescence, à sa vaillante jeunesse.

Disons avant de terminer que le général de Boigne est mort à Chambéry le 21 juin 1830, et que la population de la ville et de la Savoie entière lui a donné, dans des obsèques sans pareilles, des preuves de sa vive reconnaissance.

CHAPITRE III

SOCIÉTÉ ROYALE ACADÉMIQUE DE SAVOIE

Au début de cette nouvelle période, nous croyons devoir, comme nous l'avons fait pour la période précédente, donner les noms des membres qui composent l'Académie au 1er janvier 1828.

Président honoraire et perpétuel, le général comte de Boigne.

Président effectif pour 1828, le général comte de Loche.

Vice-président pour 1828, le sénateur comte de Vignet.

Secrétaire perpétuel, M. G.-M. Raymond.

Secrétaire-adjoint pour 1828, M. l'abbé Rendu.

Trésorier pour 1828 et 1829, M. le docteur Gouvert.

Remarquons d'abord que le bureau est resté le même depuis 1820, sauf pour le trésorier qui a quitté Chambéry, et sauf l'addition d'un président honoraire et d'un secrétaire adjoint.

Autres membres résidants.

MM. Avet sénateur.
Bise, bibliothécaire.
Burdet, sénateur honoraire et avocat des pauvres.
De Chevillard, colonel, commandeur de l'Ordre militaire de Savoie.
Chuit, chanoine.

Dépommier, professeur de théologie.

Guilland, docteur médecin.

Marin, secrétaire de la Chambre d'agriculture et de commerce.

Raymond aîné, capitaine, ingénieur-topographe en retraite.

Vibert, chanoine.

En tout seize membres résidants, au lieu de huit qu'elle comptait en 1820. Si nous essayons de les classer par professions, nous trouvons quatre anciens militaires, quatre membres du haut clergé, deux anciens professeurs laïcs, deux médecins, trois magistrats, un propriétaire agronome.

Membres non résidants.

MM. le comte Roget de Cholex, ministre.

Mgr Billiet, évêque de Maurienne.

L'abbé Borson, professeur de minéralogie à Turin.

Bouvard, membre de l'Institut, directeur de l'Observatoire de Paris.

Charvaz, chargé de l'éducation des princes de Savoie-Carignan, à Turin.

L'abbé Genevois, à Turin.

De Maistre (le comte Xavier), général en Russie.

Michaud (aîné), de l'Académie française, à Paris.

Michaud (jeune), à Paris.

Nicollet, astronome-adjoint au bureau des longitudes, à Paris.

De Saint-Réal, intendant général de la marine, à Gênes.

Mgr Rey, évêque de Pignerol.

Saint-Martin Michel, à Turin.

De Vignet (le baron Louis), chargé d'affaires de S. M. à Bruxelles.

En tout quatorze, à peu près comme en 1820 ; beaucoup des anciens sont morts et ont été remplacés.

Membres associés.

MM. le comte Balbis de Sambuy, à Turin.

Calloud, pharmacien à Annecy.

L'Académie avait créé cette classe intermédiaire des *associés,* dans sa séance du 4 janvier 1824, et en avait d'abord limité le nombre à sept. Plus tard, le 22 mars 1826, elle a réglé leur position dans la Société, sans reproduire cette limitation. Elle exigeait que les agrégés, comme les effectifs, fussent nés ou domiciliés en Savoie.

Les correspondants, qui n'étaient que trois en 1820, sont au nombre de quarante-un ; la Société les prend sans distinction parmi les Savoisiens ou les étrangers.

Mais dans sa séance du 7 juin 1833, elle établit une obligation pour chaque correspondant de transmettre à la Société, au moins tous les deux ans, un article ou une notice quelconque, à titre de tribut académique, sous peine de radiation du tableau.

A son début, la Société académique n'avait aucun revenu ; pour faire face à ses dépenses, elle avait dû imposer à chacun de ses membres une cotisation annuelle dé 12 francs. Par suite du brevet royal du 1er octobre 1824, elle se trouva dotée d'une rente de 600 francs qui lui permit de supprimer la cotisation de 12 francs, depuis le 4 février 1827.

Cette rente fut portée à 2,000 francs, ainsi que nous l'avons raconté ci-dessus, par suite de la dotation du général de Boigne, et des Lettres Patentes du 23 juillet 1827. La Société, qui n'avait publié que deux volumes pendant sa première période, a pu dès lors les multiplier et en a imprimé dix, de 1828 à 1848.

En examinant les articles qui composent ces deux premiers volumes, on voit que la Société, sans exclure aucune branche des sciences, s'occupait alors tout spécialement des améliorations agricoles ou industrielles.

Le premier article imprimé dans ses Mémoires est un *Rapport sur cinq Mémoires relatifs à l'agriculture,...* par M. Burdet. D'autres articles ont été insérés par M. Gouvert, M. Rendu. C'est surtout dans les comptes-rendus du secrétaire perpétuel qu'on voit une quantité de communications moins étendues, par MM. de Chevillard, Marin, de Saint-Martin, etc.

En 1825 fut créée à Chambéry une *Chambre royale d'agriculture et de commerce,* en exécution des Lettres Patentes du 4 janvier 1825. Dès lors, le champ d'études de la Société académique se trouve déplacé et en quelque sorte restreint d'autant.

Nous trouvons déjà, dans ces deux premiers volumes, des articles fort importants :

Sur l'archéologie, par le général de Loche.

Sur la géographie, par M. G.-M. Raymond.

Sur la géologie, par le chanoine Billiet.

Sur les mathématiques pures, par M. G.-M. Raymond.

Sur la médecine, par le docteur Gouvert.

Sur la météorologie, par MM. Gouvert, Raymond, Rendu, Billiet.

Sur la philosophie, par MM. Billiet, Raymond et Dépommier.

Sur la physique, par M. le chanoine Rendu.

Par ces travaux, la Société avait pris une haute place dans la ville de Chambéry ; elle invitait à assister à ses séances les personnages marquants qui passaient dans cette ville : ce fut un jour le chevalier Xavier de Maistre, un de ses membres non résidants. Le 1er septembre 1824, le roi Charles-Félix visitait la bibliothèque publique ; la Société réunie en ce moment lui fit demander la faveur d'être admise à lui présenter ses hommages, et fut reçue fort gracieusement par Sa Majesté.

En 1823, le comte Balbo, ministre d'État et président de l'Académie des sciences de Turin, passait à Chambéry. La Société l'invita à assister à une de ses séances et lui témoigna le désir d'entrer en relation avec l'Académie des sciences de Turin. Grâce à l'appui du ministre, ce premier échange de Mémoires fut agréé.

En 1827, la Société académique envoyait en outre ses volumes à l'Académie des beaux-arts, à la Chambre de commerce et d'agriculture et à la Société royale agraire de Turin.

Nous allons maintenant passer en revue, comme nous l'avons fait pour la première période, les membres effectifs que la Société royale académique a reçus pendant la seconde phase de son existence.

Marquis COSTA DE BEAUREGARD

Le marquis Pantaléon Costa de Beauregard est né le 19 septembre 1806, à Marcieux (Isère), d'une famille noble originaire de Gênes, et fixée à Chambéry au commencement du XVIIe siècle.

Son aïeul, Joseph-Henri de Costa, est *cet homme d'autrefois* dont la vie a été si bien racontée par notre illustre confrère le marquis Albert Costa de Beauregard, qui est lui le type du gentilhomme d'aujourd'hui.

Élevé d'abord par l'abbé Rendu, le jeune Pantaléon acheva ses études classiques au collège de Chambéry et les compléta par des voyages instructifs. En 1827, il débuta dans la carrière militaire par un brevet de sous-lieutenant agrégé au corps de Piémont-Royal.

Au mois de février 1833, un bâtiment gênois ayant été capturé par les pirates tunisiens, le jeune sous-lieutenant fit partie de l'expédition qui cingla vers Tunis pour obtenir réparation de l'injure faite au pavillon sarde. Il y gagna le grade de capitaine avec la croix de l'Ordre des Saints Maurice et Lazare. Charles-Albert, devenu roi, le choisit peu après pour son premier écuyer.

Au début de la guerre de 1848, l'écuyer vint occuper son poste et assista aux premières batailles sur les champs de Lombardie, il avait été créé sénateur du royaume par décret du 3 avril 1848, et n'avait pas quitté l'armée. Mais le collège électoral de Chambéry l'ayant en même temps élu député, le roi exigea qu'il se rendît à la Chambre, où il pouvait rendre de plus utiles services, comme chef de la députation savoisienne.

M. Eugène Burnier, dans son discours de réception à l'Académie de Savoie, le 18 mai 1866, a rendu compte de la carrière parlementaire du marquis de Costa, des luttes glorieuses qu'il y eut à soutenir pour la religion et pour la monarchie de Savoie. Je ne ferais qu'affaiblir ce magnifique exposé en le résumant ; d'ailleurs ce serait sortir de mon étude spéciale, qui a surtout pour objet les travaux académiques de nos membres.

Dans le volume IV, 1re série de nos Mémoires, nous trouvons d'abord une *Notice sur l'extraction de borax des volcans boueux de Monte Gerboli,* près de Volterra, lue dans la séance du 20 juin 1828.

Laissant bientôt les sciences naturelles, il s'adonna à l'étude de l'histoire ; il avait espéré imprimer plusieurs monographies des grandes familles nobles de la Savoie. Il n'en a publié qu'une seule, celle des *Compeys*, en un splendide volume in-4°.

Presque en même temps, il fouillait les archives de la ville de Chambéry et en extrayait une série de matériaux historiques. Les premiers ont paru dans le volume XI des Mémoires de l'Académie de Savoie. (1re série, 1843.)

En 1854, il publia des notes et documents sur la *Condition des Juifs en Savoie dans les siècles du moyen âge*, avec documents à l'appui. (2e série, vol. II.)

A la même époque, il nous lisait : *Quelques détails sur la suspension d'armes, conclue à Cherasco les 26 et 27 avril 1796,* qui ont été publiés plus tard dans un *Homme d'autrefois* (vol. II, p. 309, 2e série). Il avait acheté, à Milan, une riche collection de documents et manuscrits destinés à la préparation d'une grande histoire des Visconti. Il en a détaché quelques intéressantes monographies : *Souvenirs du règne d'Amédée VIII; Guerre de Lombardie et mariage de Marie de Savoie avec le duc de Milan.* (*Ibid.*, vol. IV, p. 1.) — *Bataille d'Anthon, surprise de Trévoux, conspiration d'Antoine de Sure.* (*Ibid.*, IV, 67.) — *Guerre d'Amédée VIII contre Philippe Visconti, duc de Milan.* (*Ibid.*, vol. I, p. XXXII et *ibid.*, vol. II, p. X.)

Il avait aussi réuni de nombreux manuscrits laissés par Samuel Guichenon, il en tira d'abord une *Biographie* de Guichenon (*ibid.*, V, XXX, XXXIII.), puis des recherches sur le *Livre anonyme*, du même auteur. (*Ibid.*, V, 59.)

Enfin, pour mettre le comble à sa générosité, dans la séance du 8 mars 1863, il a donné à l'Académie sa belle collection de chartes et documents concernant la Savoie, formant plus de six volumes, fruit de vingt années de recherches et de labeur. Cette collection sera un jour installée dans la série des *Patria* de notre bibliothèque et en fera le plus bel ornement.

Il était à la tête de toutes les œuvres : président (à vie) du Conseil général ; organisateur et président du Congrès scientifique réuni à Chambéry en 1863 ; fondateur du musée départemental d'archéologie ; souvent président de notre Académie, de la Société d'histoire naturelle de Savoie, à laquelle il donna une belle collection d'ornithologie de la Savoie, avec ses armoires et toute une salle richement décorée, qui est religieusement conservée dans ce musée, sous le nom de *Galerie Costa.*

Je ne veux pas raconter les dernières années de sa vie, qu'il passa dans la retraite, après l'abdication du roi Charles-Albert. En vain le prince Eugène de Carignan lui offrit un portefeuille dans le ministère formé après la défaite de Novare ; en vain le roi Victor-Emmanuel lui offrit le poste d'ambassadeur auprès de la République française. Il écrivait à son roi, retiré et mourant à Oporto : « Sire, Votre

« Majesté a accompli un immense sacrifice, mais elle l'a « imposé en même temps à bien des hommes auxquels le « souvenir des bontés et de la bienveillance de leur roi res- « tera toujours présent... » C'était là le noble motif de ses refus.

Lorsque plus tard le vote des populations eut amené l'annexion de la Savoie à la France, on lui offrit un siège au Sénat, il refusa encore : « Je désire, écrivait-il, que mon « rôle public soit terminé. Je ne peux, ni ne dois prendre « place au Sénat, et n'ai plus d'autre ambition que celle « de finir tranquillement mes jours au milieu de ma famille « et de mes études. » Heureux modèle d'un homme qui ne sut jamais varier dans sa foi, ni dans son amour !

Il est mort à Chambéry, le 19 septembre 1864, au moment où il allait, dans sa retraite studieuse, mettre la dernière main à des travaux importants.

Baron FALQUET

M. Falquet Joseph-Bernard est né à Annecy, le 19 août 1776. Il reçut dans une famille honorable les principes d'une éducation religieuse et solide.

Il achevait ses études classiques, lorsque l'invasion de la Savoie vint rompre, en 1792, les rapports de ce duché avec la capitale du royaume. Le jeune Falquet, qu'une vocation précoce entraînait vers l'étude de la jurisprudence, prit une résolution qui avait alors ses dangers : malgré les lois impitoyables sur l'émigration, il alla chercher en Piémont les moyens d'instruction qu'il ne pouvait trouver dans sa patrie. Il y obtint le grade de docteur en droit.

De retour à Annecy, il y fut nommé juge au Tribunal, en 1804, et peu après, conseiller à la Cour d'appel de Grenoble.

Unissant les talents qui justifient un avancement rapide aux relations de famille qui aident à l'obtenir, M. Falquet pouvait aspirer aux plus hauts emplois. Neveu par alliance du sénateur comte Berthollet, il avait tout lieu d'espérer que l'appui et l'affection d'un savant aussi célèbre aurait une heureuse influence sur son avenir, et vraisemblablement cet espoir n'eût pas été stérile, si les grands événements qui ont succédé à la chute de l'Empire n'eussent amené un autre ordre de choses.

A la restitution de la Savoie, en 1814, il n'hésita pas à rentrer dans son pays, où il fut nommé à la bien modeste position de substitut avocat fiscal général.

En 1818, il fut appelé à Turin comme substitut du procureur général près la Chambre des comptes, et bientôt, en 1820, il fut chargé de régir ce bureau.

Le poste d'avocat fiscal général près le Sénat de Savoie étant devenu vacant, il y fut appelé en 1821. Dans cette haute position, il rendit des services importants à son pays; il contribua à améliorer la législation des hypothèques. Il s'intéressa vivement au diguement de l'Isère et en facilita l'exécution par de sages mesures. C'est a sa persévérance qu'on doit l'établissement en Savoie des conseils de charité et plusieurs autres institutions utiles.

Accablé par tant de travaux, il espérait trouver un peu de repos, comme président de la troisième Chambre du Sénat de Savoie; mais le roi Charles-Félix ne le laissa que fort peu de temps sur ce fauteuil, et l'appela bientôt à Turin, comme *premier secrétaire d'État au ministère de l'intérieur*; c'était alors le titre officiel du ministre de l'intérieur dans les États sardes. A cette occasion, il fut créé baron et grand'croix de l'Ordre des Saints Maurice et Lazare.

Après trois ans de travaux pénibles et de soins d'un ordre élevé, le baron Falquet revint encore dans ses foyers jouir quelques instants des douceurs de cette vie privée, si conforme à la simplicité de ses goûts.

Mais le roi Charles-Albert lui réservait l'honneur de contribuer par ses lumières au grand œuvre de la législation uniforme de ses États. Il le désigna en effet pour concourir à la rédaction d'un Code civil, qui fût digne de son règne et qui répondît convenablement aux besoins de ses sujets.

C'est presque au terme d'une si noble tâche que le baron Falquet a succombé. Son existence fut utile à l'État presque jusqu'à la dernière heure, et sans emprunter une expression trop figurée, on peut dire qu'il est mort au poste d'honneur le 28 février 1836.

Reçu membre de la Société académique le 9 août 1828, il prononça son discours de réception le 15 du même mois. Son séjour à Turin, les hautes fonctions qu'il y exerça, ne lui permirent pas d'assister souvent aux séances et de prendre part aux travaux de la Société.

Docteur Aimé REY

Né à Chambéry le 12 septembre 1782, le docteur Rey suivit à Paris les cours de chirurgie du célèbre Dupuytren. Il se prit de passion pour son art et y devint d'une habileté remarquable.

J'ai entendu raconter que, pendant ses opérations, il ne voyait, il n'entendait rien de ce qui se passait autour de lui. Étant chirurgien en chef de l'Hôtel-Dieu de Chambéry, il conduisit un jour à l'amphithéâtre un jeune neveu de sa femme encore peu aguerri à la vue du sang. Dès les premiers coups, le jeune homme tomba sans connaissance et dut être emporté hors de la salle. La jambe coupée, l'appareil posé, le chirurgien se retourne : *Et Tancrède?* dit-il,... il ne s'était pas aperçu de l'accident.

Il fut reçu membre de la Société académique le 1er septembre 1828. Il en fut longtemps vice-président. On ne trouve de lui qu'une seule communication dans les Mémoires de cette Société ; c'est un cas fort curieux d'hypertrophie de la langue opérée à l'Hôtel-Dieu. (Mémoires, série 1, vol. VII.)

Il fut le fondateur et le président de la Société médicale de Chambéry.

Mais c'est surtout comme syndic de la ville qu'il eut à jouer un rôle actif et put exercer une influence heureuse sur l'avenir de Chambéry. Nommé en 1839, il conserva ces fonctions jusqu'en 1848.

Durant son administration intelligente, on remarque qu'il cherche à favoriser l'instruction ; ainsi, lorsque M. Marcoz fonda une chère d'astronomie appliquée à la marine, il comprit que cet enseignement serait peu pratique dans notre pays; il obtint de le faire remplacer par un cours de dessin linéaire, qu'il confia d'abord aux Frères des Ecoles chrétiennes (délibération du Conseil de ville du 11 décembre 1841). Cette modeste institution est devenue le principe de notre école industrielle préparatoire à l'enseignement supérieur.

Il sut également fonder notre école nationale des sourds-muets. Une D[lle] de Barthélemy avait ouvert à Chambéry une petite école privée pour quelques sourds-muets. Aidé de l'abbé Pillet, vicaire général du diocèse, et de M. le chanoine de Saint-Sulpice, le docteur Rey fit germer ce premier noyau ; il établit une école spéciale pour les filles sourdes-muettes au couvent du Sacré-Cœur, et une école publique pour les jeunes garçons.

C'est encore sous son administration que la ville accorda un subside à la première salle d'asile et aussi à la Société d'histoire naturelle de Savoie, en 1845.

Mais il semble que le syndic ait consacré ses soins les plus affectueux à la décoration, je devrais presque dire à la création du cimetière de la ville, appelé cimetière de l'*Hôpital Paradis*. En 1841, il avait fait ériger par le sculpteur Philippe Collet, la croix monumentale en marbre de Saint-Sulpice, au centre de ce cimetière. En 1843, il y fit tracer des allées et planter 352 cèdres de Virginie. Au mois de juillet 1844, nous trouvons inscrit : *Construction d'une chapelle gothique ou oratoire funèbre au cimetière de l'Hôpital Paradis* (27,146 fr. 72). *Le plan a été dressé par M. Joachim Rayneri, ingénieur à Turin; la statue a été sculptée par Jean Vallet, de Chambéry*. (On voit que le style gothique n'est malheureusement pas le fort des architectes piémontais.)

En 1839, le roi Charles-Albert était venu à Chambéry pour inaugurer un chemin de fer ou tramway jusqu'au lac du Bourget. Ce fut le premier acte du syndicat de M. Rey; au 12 juillet 1844, un de ses derniers actes fut l'acquisition de cette pauvre gare, au prix de 24,000 fr., par la ville, pour en faire le vestibule et la cour d'honneur du cimetière.

Enfin, le 15 mars 1855, le docteur Rey vint prendre sa place dans ce champ de repos qu'il avait si bien décoré et qui avait été l'objet de ses constantes préoccupations.

M. SALUCE

Débutant à Chambéry comme pharmacien, M. F. Saluce présenta, le 3 juillet 1829, à la Société royale une *Analyse comparative des eaux de la fontaine Saint-Martin avec celles des Deux-Bourneaux de Maché*. Reçu membre effectif le 11 décembre suivant, il fit encore une nouvelle lecture, le 3 mars 1830, sur l'*Analyse des eaux de la Boisse*. Ces deux travaux sont imprimés. (Vol. IV, 1re série, p. 376 et 388.)

Il analysa encore la cire d'un ancien cachet appendu à une patente du comte Thomas de Savoie, et en signala la composition remarquable, bien préférable à celle de nos *cires d'Espagne*.

Nommé bien jeune encore suppléant du professeur de chimie au collège royal, tout semblait lui promettre un brillant avenir... Comment se fait-il que nous l'ayons vu décliner, se survivre en quelque sorte pendant soixante ans ? Le naufrage de certains esprits bien doués n'est pas moins instructif que les succès brillants de quelques autres plus modestes en apparence ; on y reconnaîtra souvent la fatale conséquence d'un vice dans l'éducation première ou d'une erreur dans les grands principes qui dirigent la vie supérieure de l'homme.

Ainsi, après avoir végété quelques années à Chambéry, M. Saluce alla s'établir d'abord au Pont-de-Beauvoisin, puis à la Rochette, et enfin au hameau du Bettonnet, où il est mort tristement en 1888.

Charles DE BOIGNE

En apprenant la mort du général comte Benoît de Boigne, dans sa séance du 24 juin 1830, la Société académique reçut par acclamation au nombre de ses membres effectifs le comte Charles de Boigne, fils unique du général. C'était une dérogation à ses règlements sur l'élection des membres; mais cette dérogation était de sa part un juste témoignage de sa reconnaissance pour son bienfaiteur et un hommage rendu aux qualités sérieuses du jeune candidat.

Dès l'année suivante, elle le nomma vice-président, et après la mort du comte de Mouxy de Loche en 1837, elle le choisit pour son président.

Syndic de la ville de Chambéry, président de nombreuses administrations charitables, M. de Boigne sut toujours trouver du temps à consacrer à notre Société académique, où il a laissé les meilleurs souvenirs.

Quoique M. de Boigne n'ait jamais rien publié, il ne possédait pas moins des connaissances très étendues. L'histoire et l'économie politique avaient été pour lui un objet d'études tout spécial, et il en discourait savamment chaque fois que l'occasion se présentait. Sa parole grave et persuasive produisait sur les esprits une impression profonde, tant elle était imprégnée de logique et de raison. Nous ne dirons rien de ses croyances religieuses, qui furent toujours les mêmes et qui avaient pour principe les convictions les plus arrêtées. Il aimait à faire le bien, mais sans ostentation, sans fracas.

Il est mort, comme il avait vécu, en 1853.

Chanoine TURINAZ

M. Jean-Louis Turinaz, né au Châtelard en Bauges, le 5 février 1800, fit ses études théologiques au Grand-Séminaire de Chambéry, sous les Forbin-Janson, les Billiet et tant d'autres professeurs distingués. Il y fut ordonné prêtre en 1825, puis reçu docteur en théologie à l'Université de Turin le 21 mai 1827.

Dès la rentrée du Grand-Séminaire de Chambéry, le 14 octobre 1827, il y fut nommé professeur de philosophie et directeur de la maison.

Ce qui le mit en relief, ce fut le concours ouvert par la Société académique pour l'*Éloge historique du général comte de Boigne*. Ayant mérité le prix, il vit son ouvrage imprimé aux frais de la Société, et lui-même fut reçu membre effectif dans la séance du 23 décembre 1831.

Nous voyons, dans plusieurs séances de 1834 à 1835, qu'il fit des lectures fort intéressantes :

Sur l'*Origine des idées,* l'une des questions les plus délicates de son enseignement philosophique.

Abrégé de l'Histoire de Savoie pour les écoles (4 mai 1839).

Histoire du Comte-Vert (2 avril 1843).

Dès l'année 1835, il fut nommé professeur de théologie; puis, en 1841, chanoine titulaire de la Métropole et vicaire général du diocèse.

Le 8 mai 1847, dans une visite pastorale, où il accompagnait Mgr Billiet, à Yenne, il fut emporté par une maladie violente, encore à la fleur de l'âge, au moment où il donnait les plus brillantes espérances.

M. BURGAT Victor

Par une lettre du 30 avril 1831, M. Guy, avocat à Chambéry, avait confié à la ville un capital de 8.000 francs pour fonder un prix annuel de poésie à distribuer par l'Académie de Savoie. La municipalité, en acceptant avec reconnaissance cette libéralité, avait demandé au fondateur d'affecter le revenu de 400 francs alternativement à un prix de dessin et à un prix de poésie. M. Guy acquiesça au désir du Conseil municipal.

Les syndics de la ville ayant fait part à la Société royale académique de cette fondation, la prièrent de rédiger un programme et de se charger, dès 1833, de décerner les prix.

Pour se mettre mieux en mesure de juger les concours de peinture et de dessin, la Société, dans sa séance du 15 mars 1833, reçut, au nombre de ses membres effectifs, M. Burgat, professeur de dessin de la ville, homme honorable et fort instruit. Il prononça son discours de réception dans la séance du 10 mai de la même année.

Il est mort au commencement de l'année 1841.

Joseph JACQUEMOUD

Né à Chambéry en 1802, Joseph Jacquemoud y fit ses études littéraires d'abord, puis ses premières études juridiques. Son professeur de droit, Jean-Louis Pillet, étant tombé malade, en 1822, le jeune Jacquemoud essaya de le suppléer. Il y réussit et obtint des succès si constants, qu'il fut nommé suppléant, puis professeur, après la mort du titulaire, en 1824. Il n'avait alors que vingt-deux ans !

En 1828, il entra dans la magistrature comme substitut de l'avocat fiscal général. En même temps qu'il travaillait avec ardeur au parquet de Chambéry, il trouvait le temps de s'occuper de questions agricoles et industrielles. Aussi fut-il nommé, en 1831, membre effectif de la Chambre royale d'agriculture et de commerce de Savoie, dont il fut un des collaborateurs les plus assidus et le vice-président jusqu'à la fin de sa carrière.

Esprit juste et pratique, il communiqua à la Société académique de Savoie, dans sa séance du 2 mars 1832, un *Mémoire sur l'utilité que présente l'établissement d'une caisse d'épargne dans les principales villes des États de S. M. et principalement à Chambéry*. Ce Mémoire fut si apprécié, que l'auteur fut incontinent présenté comme membre effectif de la Société et reçu dans la séance du 6 avril suivant.

Le roi Charles-Albert ayant fait, en 1834, un voyage dans les provinces de Savoie, il parut utile d'en publier un récit fidèle, où seraient consignés les vœux exprimés par les municipalités, en même temps que les témoignages d'attachement prodigués au souverain. Toujours prêt à se charger de travaux de toute nature, M. Jacquemoud fut attaché au cortège royal, et, rédigeant chaque nuit l'œuvre de chaque jour, fit paraître (sans nom d'auteur) la *Relation authentique* presque en même temps que s'achevait le voyage.

Il avait remplacé son père, l'avocat Pierre Jacquemoud, comme avocat patrimonial du roi Charles-Félix, en Savoie; il fut nommé en la même qualité pour représenter la reine douairière Marie-Christine. Mettant à profit les études que lui facilitait cette charge, il publia, en 1843, une *Description de la royale abbaye d'Hautecombe,* avec l'histoire des princes de Savoie qui y sont inhumés.

Il avait entrepris aussi des publications juridiques. En collaboration avec M. Cot, notaire, il avait imprimé un premier volume d'un *Manuel de droit administratif, civil et commercial*. La promulgation du Code civil sarde, en 1837, les empêcha de poursuivre ce travail. Mais il publia, en 1841, un *Précis des lois sur la compétence* des divers tribunaux qui subsistaient encore à cette époque, traité qui est resté précieux pour l'histoire de notre législation.

Il était récompensé de ces travaux et de ceux qu'il accomplissait tous les jours dans nos Sociétés savantes par le titre de baron, et par la décoration de l'Ordre des Saints Maurice et Lazare, dont il devint même grand-officier. Il appartenait à de nombreuses Sociétés savantes :

Correspondant de l'Institut historique de France (Paris) ;

De la Société des sciences physiques, chimiques, agricoles et industrielles de France (Paris) ;

De la Société genevoise pour l'avancement des arts (1836) ;

De la Royale Commission historique (Turin, 1838) ;

De l'Académie tibérine de Rome (1841) ;

De la Société lyonnaise d'agriculture, d'histoire naturelle et des arts utiles (Lyon, 1842);

De l'Académie royale des sciences, belles-lettres et arts de Lyon (1843);

De l'Académie des sciences de Turin (1845);

De l'Institut des provinces de France (1846);

De la Société des sciences et arts de Grenoble (1847);

De l'Académie royale d'agriculture de Turin (1850);

De l'Académie nationale, agricole, manufacturière et commerciale de Paris (1851);

De la Société de statistique de Marseille (1854);

De l'Institut national genevois (1856);

De la Société économico-agraire des Géorgophiles de Florence (1862).

Il ne restait pas étranger aux travaux administratifs : il fut membre du conseil municipal de Chambéry, du conseil de charité, de la commission provinciale et de la junte pour vérifier les comptes des établissements de bienfaisance, du conseil d'administration de la dette publique, etc.

Il eut surtout un rôle politique important, d'abord comme député du collège électoral du Pont-de-Beauvoisin, puis comme sénateur du royaume en 1850.

Il avait en même temps avancé dans sa carrière : nommé conseiller à la Cour d'appel de Chambéry, puis conseiller d'État, à Turin.

N'ayant pas à nous occuper de sa vie politique, nous ne devons pas mentionner ici les nombreuses lois dont il fut le rapporteur ou le défenseur dans les deux Chambres du Parlement de Turin. Toujours laborieux, il accepta, comme conseiller d'État, de nombreuses missions du gouvernement, ce qui lui valut encore de flatteuses distinctions. Ainsi, il représenta l'Italie, en 1858, au Congrès international convoqué à Bruxelles sur la propriété littéraire, artistique et industrielle, et fut nommé, à cette occasion, grand-officier de l'Ordre de Léopold.

L'Italie et la Belgique ayant résolu d'appliquer entre elles les vœux émis par le Congrès, le baron Jacquemoud fut encore chargé de représenter l'Italie dans cette négociation, qui eut plein succès. Il fut alors nommé chevalier grand-croix de l'Ordre de Léopold.

Il fut nommé également officier de la Légion d'honneur;

Commandeur de Saint Grégoire-le-Grand ;

Commandeur de Charles III d'Espagne....

L'annexion de la Savoie à la France fut pour le baron Jacquemoud une rude épreuve. Il prévoyait depuis longtemps cet événement; mais pour lui, attaché, dès le début de sa carrière, à la famille royale, il considéra comme un devoir d'honneur de la suivre dans ses nouvelles destinées. Sa santé fut profondément altérée par suite de cette résolution. Quand il se sentit sérieusement atteint, il se fit rapporter à Chambéry, où il mourut en 1863. Il voulut y être inhumé dans le tombeau de sa famille.

MÉNABRÉA Léon

Ménabréa Léon-Camille, né à Bassens, près de Chambéry, le 12 avril 1804, mort dans cette ville le 24 mai 1857, âgé de 53 ans[1].

Issu d'une famille noble, qui, par suite des guerres de religion du XVIIIe siècle, vint chercher un refuge dans les Alpes, Léon Ménabréa fit ses premières études dans sa ville natale. Dès son jeune âge, il révéla cet esprit à la fois sérieux et poétique, qui, plus tard, sut allier à une profonde science le goût des beaux-arts qu'il cultiva avec succès toute sa vie.

Il fit son cours de droit à l'Université de Turin, et y fut reçu docteur en 1827. Pendant son séjour dans cette capitale, ses études sur l'archéologie et l'histoire du moyen âge formèrent les premières bases de la science où il devait briller.

Admis dans la magistrature savoisienne, il en parcourut avec distinction tous les grades, et parvint à celui de conseiller à la Cour d'appel de Savoie, qu'il occupait à sa mort.

Comme membre du ministère public, il se fit remarquer par une éloquence noble et facile, que relevait son mâle visage. Plus d'une fois il fit preuve de grand courage, soit à la tribune, soit au parquet en 1848, époque de passions ardentes et d'exaltation dangereuse.

Appelé par sa carrière à séjourner dans diverses provinces de la Savoie, où surgissent à chaque pas des ruines féodales, en face de cette nature grandiose, riche de souve-

[1] J'emprunte cette excellente notice au vol. Ier des *Documents* publiés par l'Académie royale de Savoie.

nirs, Léon Ménabréa conçut la pensée d'esquisser dans un vaste tableau, ayant pour titre *Les Alpes historiques,* les institutions et l'organisation du moyen âge, et d'embrasser dans le même cadre les points saisissants de ces temps si peu connus. Les nombreux documents inédits qu'il parvint à réunir, l'intuition avec laquelle il savait découvrir ceux qui avaient le plus d'importance, lui permirent de rassembler les immenses matériaux de la grande œuvre qu'il entreprit, mais que la mort ne lui permit pas d'achever.

Malgré la sévérité de ses études, ses premiers essais littéraires furent travail d'imagination.

Léon Ménabréa publia, en 1836, *Les Feux follets,* recueil de légendes inspirées par les bords riants du lac d'Annecy. En 1838, il fit paraître un roman intitulé : *Requiescant in pace,* livre plein de charme, dont l'action se déroule près du *château de Miolans,* qui domine la vallée de l'Isère. En 1839, un Mémoire ayant pour titre : *De la Marche des études historiques en Savoie et en Piémont,* lui ouvrit les portes de l'Académie de Savoie, dont il devint secrétaire perpétuel en remplacement de l'illustre prélat, Mgr Rendu, nommé évêque d'Annecy.

Il fit paraître successivement les ouvrages suivants :

1° *Montmélian et les Alpes,* écrit considérable par son étendue, par la multitude et la nouveauté des recherches. Le récit des divers sièges de cette forteresse sert pour ainsi dire de pivot à l'histoire de l'époque ; l'ouvrage se termine par le journal jusque là inédit et d'un haut intérêt du dernier siège qu'eut à soutenir cette place célèbre ;

2° *L'Abbaye d'Aulps,* d'après des documents inédits.

3° *De l'Origine, de la forme et de l'esprit des jugements rendus au moyen âge contre les animaux.* Cet écrit, l'un des plus appréciés de l'auteur, renferme des documents très curieux sur cette singulière question.

4° *De l'Organisation militaire au moyen âge.*

5° Les trois premières livraisons de l'*Histoire de Chambéry*, où l'écrivain, à l'épogée de son talent, retrace l'époque du moyen âge avec verve, dans un style magnifique. Cette publication, suspendue à cause des événements de 1848, est rédigée presque en entier.

6° *Notice sur l'ancienne chartreuse de Vallon.*

7° *Comptes-rendus des travaux de l'Académie de Savoie.* Les écrits précédents sont insérés dans les volumes de cette Société savante.

Après la bataille de Novare, en 1849, Léon Ménabréa, profondément versé dans la science diplomatique, fut appelé en qualité de conseiller de légation, à prendre part aux négociations de la paix entre le Piémont et l'Autriche. A cette occasion, il publia, par ordre du gouvernement, des écrits importants ayant pour titre :

1° *Mémoire pour servir à l'intelligence des discussions qui ont existé entre le gouvernement de S. M. le roi de Piémont et S. M. l'empereur d'Autriche depuis le traité de Worms, en 1743, jusqu'en 1848.*

2° *Histoire des négociations qui ont précédé le traité de paix conclu le 6 août 1849 entre S. M. le roi de Sardaigne et S. M. l'empereur d'Autriche.* Cet ouvrage, dans lequel les nombreuses péripéties de cette négociation sont exposées avec talent et lucidité, offre dans les fastes de la diplomatie des pages intéressantes et utiles à consulter.

3° Il publia également un important Mémoire historique sur *Monaco, Menthon et Roquebrune.*

A la même époque, Léon Ménabréa pris part aux travaux de la commission de législation. Il publia, sur l'*Organisation du ministère public,* un rapport où les principes fondamentaux sur lesquels repose l'édifice de la justice sont développés avec une rare sagacité. Nous passons sous silence une foule d'autres productions, nous bornant à citer la charmante chronique de Féterne, qui se rapporte à l'histoire d'une illustre famille de Savoie.

Il avait préparé un grand nombre de travaux, lorsque la mort vint le surprendre. Il laisse près de dix-huit volumes manuscrits contenant des recherches variées et curieuses, telles que l'*Histoire féodale de la Savoie et du Dauphiné; celle des Burgondes; Études sur la langue romane; Recherches sur l'origine des fiefs; Chroniques sur la duchesse Yolande de Savoie, sœur de Louis XI,* etc. (Depuis lors, la famille a publié : *Les Origines féodales.*)

Comme secrétaire perpétuel de l'Académie royale de Savoie, il sut lui donner une impulsion qui la fit marcher de pair avec les corps savants les plus distingués. Léon Ménabréa était membre de l'Académie des sciences de Turin, membre de la députation des Études historiques en Piémont, et associé d'un grand nombre de Sociétés savantes....

Le roi le nomma chevalier de l'Ordre des Saints Maurice et Lazare en récompense de ses services extraordinaires; ses travaux lui valurent aussi plusieurs décorations étrangères. Il allait être nommé chevalier de l'Ordre du Mérite civil de Savoie, ordre qui ne compte que quarante chevaliers, lorsqu'il fut enlevé encore à la fleur de son âge, le 24 mai 1857.

M. COT

Homme laborieux, s'il en fut, M. Jean-Léopold Cot, père de famille sans fortune, à la tête d'une étude de notaire fort accoursée, trouvait encore le temps de s'occuper de travaux juridiques et littéraires.

Il avait entrepris avec le baron Jacquemoud la publication d'un *Manuel de droit administratif*, il publia un *Dictionnaire de législation des États sardes*, en deux volumes (1841), et enfin une *Notice sur l'abbaye d'Hautecombe*, qui obtint plusieurs éditions.

M. Cot est mort peu de temps après cette publication, en 1847.

Chanoine CHAMOUSSET

M. Chamousset François-Marie était fils unique d'un négociant aisé de Chambéry. Né le 31 octobre 1808, il fit toutes ses études au collège, puis au Grand-Séminaire de cette ville. Chez lui, le goût de la science était inné; il est devenu physicien, géologue presque sans le secours d'aucun maître.

A peine avait-il achevé ses cours, qu'il fut chargé d'enseigner les mathématiques, la physique et la chimie au Grand-Séminaire le 15 octobre 1832. Il avait à y organiser cette partie de l'enseignement. Il s'y mit avec ardeur; non seulement il suffisait à la préparation de ses classes, mais il entreprit des observations météorologiques qui n'avaient point encore été tentées en Savoie. Il avait établi au Grand-Séminaire un baromètre, un thermomètre et cherché à fixer d'abord la hauteur exacte de cet observatoire au-dessus du niveau de la mer. Partant de là, avec son baromètre Gay-Lussac en bandoulière, il espérait établir l'hypsométrie de toutes les communes de la Savoie, en prenant pour point fixe le seuil de chaque église. Pendant qu'il parcourait la campagne, le vénérable archevêque, Mgr Billiet, dont le baromètre était exactement réglé sur le sien, faisait d'heure en heure ses observations à Chambéry, afin d'obtenir la différence de niveau avec la précision la plus absolue.

Reçu membre de l'Académie de Savoie le 8 mai 1848, il lisait à cette Société, en 1842, un Mémoire intitulé : *Élévation de Chambéry au-dessus du niveau de la mer, pour servir de base au nivellement barométrique*. Dans ce travail, il donna à la cour du Grand-Séminaire une altitude de 263m74 ; on s'étonnera de voir que l'état-major français donne au pont du Reclus, qui est au même niveau, 273m695, soit dix mètres de plus. On s'explique cette différence par celle des points de départ. Le grand nivellement Bourdaloue, qui embrasse la France entière, est parti de l'Océan, à une période de marée, à une heure du jour différente, ce qui suffit à modifier les résultats. Rien de plus arbitraire que le niveau de la mer ! Cette divergence contribua à décourager l'abbé Chamousset, qui renonça dès lors à ses études hypsométriques.

Il avait en même temps observé le pluviomètre et publié dans le même volume des Mémoires de l'Académie ses *Observations sur la quantité de pluie tombée à Chambéry depuis le commencement de 1829 jusqu'au mois d'août 1842*. Ce sont presque les seules études de ce genre faites en Savoie où le service météorologique est à peine organisé à ce jour.

En parcourant nos montagnes, le baromètre sur l'épaule, M. Chamousset eut occasion d'observer les roches et les fossiles, et de se rencontrer avec les premiers géologues qui essayaient de classer nos terrains : MM. Thiollère, de Lyon ; Jules Itier, de Belley ; Sismonda, de Turin.

La géologie paléontologique ne faisait que de naître ; ce n'est qu'en 1819 qu'avait été créée, en Angleterre, la nomenclature des terrains jurassiques basée sur les fossiles. Celle des terrains néocomiens l'était plus récemment encore par MM. de Montmollin et Agassitz. Les études sur les glaciers et sur les blocs erratiques avaient tout l'attrait de la nouveauté.

Le jeune professeur Chamousset se laissa vite séduire, et fut bientôt passionné pour la géologie.

Ayant assisté à quelques congrès de la Société géologique de France, il conçut le projet hardi d'en convoquer un à Chambéry ; idée féconde, qui avait l'avantage de populariser cette science dans notre pays, et surtout de l'asseoir sur des bases fixes, au niveau des progrès les plus récents.

Pour préparer ce congrès, M. Chamousset a donné à l'Académie une esquisse de la région de Chambéry, où l'on reconnaît déjà la plupart des terrains décrits avec leurs caractères à leur place véritable.

Le congrès se réunit à Chambéry le 12 août 1844, nomma pour son président Mgr Rendu, évêque d'Annecy, et pour secrétaires MM. Chamousset et Landriot, qui fut plus tard archevêque de Reims. Toutes les déterminations de M. Chamousset y furent acceptées de confiance.

Mais ce qui donna à ce congrès sa physionomie et son importance scientifique, ce fut la question des glaciers, alors dans toute sa nouveauté. Le congrès était présidé par Mgr Rendu, qui venait de publier une théorie du mouvement des glaciers, théorie qui était partout accueillie avec faveur. MM. Agassitz, Guyot et tous les glacialistes de la Suisse s'y étaient donné rendez-vous avec les géologues français ; il fit véritablement époque dans l'histoire de la science. L'abbé Chamousset fut le rédacteur du compte-rendu de ce congrès : c'est un des plus grands services qu'il ait rendus à la géologie.

Il a donné une étude géologique fort ingénieuse sur la chute du Mont-Grenier, qui a enseveli la ville de Saint-André en 1248 ; il a prouvé, par la distribution des blocs erratiques, que cette catastrophe n'avait fait qu'une brèche peu profonde dans la haute falaise du Mont-Grenier.

Malheureusement, la confiance de ses supérieurs ecclésiastiques vint l'enlever trop tôt à sa chaire du Grand-Séminaire, pour le nommer vicaire général du diocèse le 5 novembre 1850, et l'occuper de gestions financières ou administratives qui furent le chagrin de sa vie.

En même temps qu'il s'adonnait avec ardeur à ses nouvelles fonctions, il avait contribué puissamment à l'érection de chaires d'enseignement technique, qui sont devenues l'*école préparatoire à l'enseignement supérieur*. Il s'y chargea lui-même de la physique et de la chimie appliquée aux arts; quand le gouvernement italien organisa le système métrique, quand il installa plus tard le service télégraphique, le chanoine Chamousset dirigeait sur ces questions son enseignement technique et réussissait à faire admettre dans ces deux administrations des élèves parfaitement préparés et très avantageusement placés.

Ces travaux si nombreux et si disparates ne l'empêchèrent pas, à la mort du conseiller Ménabréa, en 1857, d'accepter le poste si délicat de secrétaire perpétuel de l'Académie. Il s'acquitta de ces difficiles fonctions avec une assiduité et un dévouement remarquables. Naturellement bienveillant, il savait donner à chacun des encouragements et des éloges. Son style même était d'une pureté, d'un atticisme qui nous étonnait chez un homme dont la vie était absorbée par des recherches scientifiques ou par des études mathématiques abstraites.

Il trouvait encore du temps pour s'occuper de la construction d'une salle d'asile et d'écoles enfantines à Chambéry, d'un essai de locomotive où la vapeur était remplacée par l'air chauffé et d'une foule d'autres entreprises industrielles d'où il espérait retirer d'importants bénéfices.

Ayant compromis par des spéculations malheureuses le patrimoine du diocèse confié à ses soins et celui de plusieurs corporations religieuses, il n'hésita pas à jeter dans le gouffre toute la fortune qu'il tenait de ses parents et ne rêvait plus que découvertes merveilleuses qui lui permettraient de combler le *déficit*.

Il s'était retiré à sa campagne de la Ravoire, afin d'y vivre plus économiquement, disons mieux, plus pauvrement. Ces dernières années de sa vie ne furent qu'un long martyre.

Enfin, il est mort subitement le 23 mai 1882, à l'âge de 74 ans. Ce fut pour lui une délivrance.

Il était chanoine de la Métropole de Chambéry depuis le 21 mai 1847, et chevalier de la Légion d'honneur depuis le 29 août 1860.

M. RAYMOND

Fils aîné de Georges-Marie Raymond, l'un des fondateurs et le premier secrétaire perpétuel de notre Académie, Claude-Melchior Raymond naquit à Chambéry en 1804. Il déploya dès son enfance l'esprit le plus ingénieux, le plus vif, joint à une mémoire prodigieuse et à une imagination dont l'ardeur fut toujours tempérée par un grand fond de raison et par des principes religieux solides.

Ses succès de collège le firent regarder par ses maîtres et ses condisciples comme un sujet entièrement hors ligne. Tandis que la plupart de ceux-ci, même les plus heureusement doués, employaient toutes leurs heures aux pénibles travaux qu'exigent les études classiques, il franchissait avant le temps la limite de ces études, et se laissant emporter par cet incessant besoin d'apprendre qui le dévorait, il essayait de pénétrer dans les plus difficiles questions de la physique, de la chimie, des mathématiques. Le fait est qu'âgé à peine de dix-sept ans, et figurant encore parmi les élèves du collège, on l'avait jugé assez instruit pour occuper provisoirement une chaire d'arithmétique et d'algèbre.

Destiné à la carrière du barreau, il fut envoyé à Turin pour y terminer l'étude du droit qu'il avait commencée à Chambéry....

De retour dans son pays natal et après un stage brillant, il prit son essor et honora par de nombreux succès la profession qu'il avait embrassée... A une époque où, chez nous, par suite du système de procédure autrefois en vigueur, le talent d'improvisation parmi les avocats était rare et presque ignoré, M. Raymond fut du petit nombre de ceux qui se firent distinguer par la facilité et l'abondance de son élocution.

Un mérite aussi évident ne pouvait manquer d'être remarqué par le gouvernement ; aussi M. Raymond fut-il bientôt pourvu d'une chaire de droit à l'école universitaire : il l'a occupée jusqu'à sa mort[1].

C'est vers la même époque, le 14 août 1840, qu'il fut reçu membre effectif de la Société royale académique de Savoie. Chose surprenante, dans une ville où le barreau forme une classe importante et des plus instruites de la société, il est le premier avocat qui ait fait partie de cette Société.

Son discours de réception est une étude des causes qui ont pu amener la décadence des lettres. Il en signale deux principales : l'une, l'éducation donnée à la jeunesse, qui ne cherche qu'à éviter le travail, à passer des examens au moyen de manuels et d'abrégés de toutes les sciences ; l'autre est le désir de s'enrichir vite et sans peine, le dédain que l'on témoigne pour les principes éternels d'ordre et de moralité, les règles du goût, les lois du vrai et du beau.

M. Raymond ne fit d'ailleurs que fort peu de communications à l'Académie, et presque exclusivement sur une théorie acoustique et sur les lois qui en découlent pour les compositions musicales.

Appelé plus tard à faire partie du Conseil municipal de Chambéry, il apporta dans ces nouvelles fonctions ce zèle

[1] Pour tout ce qui précède et pour une grande partie de ce qui forme cette notice, j'emprunte les paroles mêmes de l'article nécrologique rédigé par M. Léon Ménabréa, en tête du vol. II des Mémoires de l'Académie royale de Savoie, 2e série, p. LV.

infatigable, ce dévouement sans bornes et surtout cette franchise d'opinion, cette indépendance d'idées, qui formait le trait distinctif de son génie. Homme d'initiative, il rendit, par ses plans de réforme, par ses projets d'amélioration, de nombreux services à une administration qui, sur plusieurs points, avait besoin d'être remaniée ; homme d'exécution, il fut non moins utile par l'ardeur qu'il mettait à la réalisation des mesures qui avaient été adoptées, n'épargnant à cet effet ni les travaux de l'esprit, ni même les fatigues du corps et se trouvant toujours des premiers là où l'intérêt public réclamait sa présence.

Nous pouvons citer la caisse d'épargne de Chambéry, dont il fut un des créateurs et des principaux administrateurs. Dans un genre bien différent, il fut chargé de la réception du bel orgue de la Métropole, fonction dont nul ne pouvait s'acquitter aussi bien que lui.

Il nous reste à parcourir en peu de mots cette période de la vie de M. Raymond, où, lancé dans une ingrate carrière, il eut à supporter bien des dégoûts, à endurer bien des amertumes, et où, malgré les convictions profondes qui le soutenaient, malgré même ses triomphes, son cœur s'ulcéra et sa constitution physique si forte, si puissante, s'ébranla au point de le conduire à une fin prématurée.

Son père, Georges-Marie Raymond, avait fondé à Chambéry, en 1816, une feuille hebdomadaire intitulée *Journal de Savoie*. A sa mort, survenue en 1839, cette publication fut continuée par un de ses fils, M. Jacques-Marie Raymond. En 1843, grâce à l'intervention de M. Jean-Pierre Veyrat, l'un de nos poètes les plus distingués, qui avait obtenu du gouvernement une concession pour la fondation d'une nouvelle feuille, les deux publications furent réunies et donnèrent naissance au *Courrier des Alpes*.

M. Veyrat mourut peu de temps après. En 1848, les conditions politiques étaient changées : le roi Charles-Albert avait publié le *Statut*, la presse était libre. M. Raymond se vit amené par les événements à prendre la direction du *Courrier des Alpes*, et, avouons-le, il le fit avec joie.

Intimément convaincu de la supériorité des institutions représentatives, acceptant ces institutions comme un généreux octroi de la part du monarque, il s'appliqua d'abord à en développer la théorie, en y employant ce luxe de pensées, cet éclat d'expressions qui lui étaient propres....

Mais les instants où l'on put s'occuper de théorie passèrent bien vite ; une autre arène s'ouvrit, arène brûlante où les coups succèdent aux coups sans interruption, sans relâche, et où le vaincu se relevant toujours, les combattants s'agitent indéfiniment dans le chaos d'une lutte éternelle. Là, dans les temps de crise surtout, la transaction devient impossible, les termes moyens sont foulés aux pieds avec mépris, les propositions les plus sages, si elles tendent à adoucir, à tempérer, à concilier, demeurent impuissantes ; il faut aux champions des divers partis des bannières aux couleurs tranchées et des positions extrêmes.

C'est à ce point de vue qu'on doit se placer pour juger M. Raymond dans cette dernière phase de son existence ; alors on lui pardonnera aisément les quelques écarts dont on l'a accusé. Il ne nous appartient pas d'apprécier ici la série de ses actes, de peser ce qu'il y a eu de juste, ce qu'il y a eu d'injuste dans l'opposition qu'il peut avoir faite aux agents responsables du pouvoir... Nous reconnaissons qu'on ne saurait porter trop de respect aux hommes investis de la confiance du souverain et des représentants du pays, et que les attaques trop violentes dirigées contre eux, en supposant encore qu'ils aient tort, ne peuvent que porter atteinte à ce principe d'autorité si nécessaire à toute forme de gouvernement.

Quelques articles improvisés dans le *Courrier des Alpes* et surtout dans un journal satyrique le *Carillon*, n'ont pas toujours su respecter ces sages limites. Ces réserves ne doivent pas nous empêcher de reconnaître le talent de M. Raymond comme écrivain politique.

Or nous disons qu'il était merveilleusement doué pour les luttes incessantes auxquelles il avait désormais consacré sa vie. Pourvu d'une lecture immense, on peut assurer sans exagération que les principes d'aucune science, d'aucun art, ne lui étaient étrangers ; son désir de savoir l'avait porté à approfondir un grand nombre de connaissances complètement en dehors du cercle naturel de ses études. Familier avec les questions les plus ardues du droit privé, du droit public, du droit international, de l'économie politique, de l'administration, il traitait de toutes ces choses avec une admirable facilité et avec un sens pratique des plus remarquables. L'histoire, la philosophie, la théologie même dans laquelle il excellait, lui fournissaient une foule de rapprochements qui rendaient son argumentation ou plus ingénieuse ou plus puissante. Son étonnante mémoire le dispensait, la plupart du temps, d'avoir recours à des recherches ; ses articles sortaient ordinairement d'un seul jet de son cerveau en travail, et sa plume de feu ne cessait de courir jusqu'à ce que la matière fut épuisée.

Cette méthode avait pourtant donné naissance, chez M. Raymond, à un défaut que nous ne pouvons passer sous silence : ce défaut consistait à ne pas savoir toujours s'arrêter à propos. Dans toute polémique, et principalement dans celle qui a la politique pour objet, où il s'agit non seulement de discuter et de démontrer, mais encore de remuer, d'ébranler, de subjuguer, le but qu'on se propose exige que tous les moyens que l'on emploie pour l'atteindre soient échelonnés de manière à offrir une progression croissante; arrivé au point culminant l'écrivain s'arrête; s'il allait plus loin, il gâterait son œuvre. C'est précisément cet art que M. Raymond négligeait quelquefois de mettre en pratique; il avait dit tout ce qu'il fallait dire; il l'avait dit avec chaleur, avec force, avec entraînement; eh bien! il lui semblait toujours n'avoir pas assez dit; il remaniait ses idées, les reproduisait sous d'autres formes ou dans un autre ordre et amoindrissait ainsi l'effet de sa première conception.

Quoi qu'il en soit de ce défaut de forme, un mérite auquel on ne saurait trop rendre justice chez M. Raymond, c'est le courage, la constance avec laquelle il a, pendant tout le temps qu'a duré sa mission de journaliste, soutenu la cause de la religion et défendu les grands principes d'ordre, d'autorité et de liberté. Les pages éloquentes sorties de sa plume sur ces importantes questions lui ont acquis un titre éternel à la reconnaissance des hommes de bien.

Il est mort le 2 avril 1854, après une courte maladie, usé par la lutte, on peut presque dire tué sur la brèche.

Auguste DE JUGE

Né à Rumilly au déclin du dernier siècle, le 6 janvier 1797, Auguste de Juge, sénateur au Sénat de Savoie le 5 septembre 1840, fut presque aussitôt élu membre de l'Académie de Savoie le 18 juin 1841. Il en devint président en 1853, et a été enlevé par une courte maladie le 22 du mois de janvier 1863. Poète avant tout, il n'a pas eu d'événements marquants dans sa carrière ; elle nous a été racontée en forme quelque peu poétique par notre ami le docteur Guilland. Nous aimons à reproduire textuellement cette courte biographie qui peint à la fois le narrateur et son héros.

« Les parents d'Auguste de Juge, dit-il, étaient dignes de veiller sur les développements de cette nature d'élite : l'amitié de Joseph de Maistre plana sur son berceau. Son père Joseph Juge fut sénateur au Sénat de Savoie en 1791, et collègue de Joseph de Maistre. Durant ses études professionnelles en 1813, à l'école de droit de Grenoble, il se liait avec une pléïade de jeunes Savoisiens destinés à servir avec éclat et honorer leur pays. Dès sa troisième année de stage au bureau de l'avocat général (ou plutôt des *pauvres*), ses aspirations sincèrement libérales et loyalement progressives, sans avoir jamais porté atteinte à ses convictions religieuses, ni à son royalisme dévoué, l'entraînèrent dans le mouvement intempestif de 1821. Sa carrière, momentanément interrompue par cette manifestation qu'il ne voulut point renier, en fut longtemps ralentie grâce aux jalousies privées qui l'exploitèrent avec persévérance. Cependant, reprise en 1827, elle l'éleva pas à pas des brillantes épreuves de la magistrature *debout*, aux honneurs, laborieux alors, de la magistrature *assise*. Mêlant sans cesse le culte des lettres à l'exercice de la jurisprudence, des productions nombreuses, faciles et toujours moralisatrices s'échappaient de sa plume aux applaudissements des juges les plus compétents, Mgrs Rey, Charvaz, Rendu, MM. de Lamartine, Viennet, Sclopis et d'autres. Cette rencontre heureuse de tendances et de qualités qui se complétaient harmoniquement fit de M. de Juge ce type précieux de l'académicien de province, que vous avez admiré et aimé durant quelques vingt années, toujours prêt à fournir sa large part de collaboration et tenant toujours élevé le pavillon neutre et indépendant des Sociétés académiques, respecté aux jours les plus envahissants du pouvoir.

« Lorsqu'en 1852, le gouvernement s'occupa de mettre la marche et l'organisation de l'enseignement en rapport avec la révolution accomplie dans notre régime politique, M. de Juge se trouva désigné tout naturellement pour la direction des études dans le duché de Savoie. Il profita de cette place pour adoucir sans faiblesse l'application des lois nouvelles à nos établissements. Fort de ses convictions et de l'amitié de Boncompagni, il plaida énergiquement à Turin la cause de la décentralisation des études et d'un enseignement fortement constitué à Chambéry. Il prépara les règlements de notre école normale et obtint pour cette ville le *cours spécial* que l'annexion a dû ainsi lui conserver. Malgré cette manière essentiellement savoisienne d'user de ses fonctions et de son influence, l'estime du gouvernement fit écho à celle de ses compatriotes ; on avait songé à lui en 1852 pour le portefeuille de l'instruction publique et l'opinion applaudit par la voix des journaux à ce projet, dont les circonstances ne permirent pas la réalisation.

« Jeté en 1860 hors de la vie active dont il portait encore légèrement le poids, il se retira dans son manoir de Pieuillet, dans cette gracieuse et paisible résidence embellie et habitée avant lui par son frère Anne-François, ex-régent du ministère de Sardaigne. Pendant les trois années qui suivirent, il ne quitta sa retraite que pour venir parfois reprendre parmi nous cette place où nous aimions tant le revoir. C'est dans les loisirs de cette dernière période de sa vie, entre les doux épanchements de la famille et les suaves inspirations de la campagne qu'éclosent à l'envi et semblent se presser comme en prévision d'une fin prochaine, les *Nouvelles Fables*, les *Fleurs des Alpes*, son *Mois de mai*, la *Rabacherie poétique*, les *Esquisses biographiques*, les *Vieilleries ou pensées diverses*, *Rome et la papauté*,... toutes ces œuvres, la plupart inédites quand la mort l'a surpris, mais prêtes à prendre leur vol et dignes d'affronter une publicité que son fils nous laisse espérer... »

Ajoutons que les seules publications de M. de Juge sont des inspirations religieuses publiées sous le patronage de Lamartine et le *Fabuliste des Alpes*, un volume de fables et surtout de charmants rapports en prose qu'il faisait de main d'ouvrier pour les concours de poésie de la Société académique de Savoie.

Joseph BONJEAN

M. Bonjean, né le 11 septembre 1810, est le doyen de l'Académie de Savoie, dont il est membre effectif depuis le 8 avril 1842. Comme il est encore aujourd'hui plein de vie et de santé, nous ne croyons pas devoir donner ici une appréciation de sa longue carrière scientifique. Nous nous bornerons à présenter le catalogue des œuvres qu'il a publiées jusqu'à ce jour, que nous puisons dans une brochure intitulée : *Les Noces d'or de Joseph Bonjean, pharmacien à Chambéry* (1886).

Ce sont :

1. *Travaux analytiques sur les sources dites de soufre et d'alun,* dans le *Bulletin des eaux d'Aix,* du Dr Despine. (1836.)

2. *Analyse chimique des sources minérales d'Aix-les-Bains.* (1838, vol. in-8o.)

3. *Mémoire sur la présence de l'iode dans les eaux d'Aix-les-Bains.* (Broch. in-8o, 1841.)

4. *Recherches chimiques, physiologiques et médicales sur les eaux d'Aix.* (Broch. in-8o, 1842.)

5. *Analyse des dépôts pris dans les bassins des fontaines qui sont regardées comme produisant le goître.* (Mémoires de l'Académie, 2e série, Ier vol., page LXXXIX.)

6. *Analyse des eaux de Marlioz.* (Broch. in-8o, 1850.)

7. Deuxième édition de la même brochure, augmentée. (Broch. in-8o, 1857.)

8. *Dosage de l'iode et du brôme dans les eaux d'Aix et de Marlioz.* (1855.)

9. *Eaux d'Aix et de Marlioz au congrès scientifique de Grenoble.* (1857.)

10. *Guide de l'étranger à Aix et à Marlioz.* (Broch. in-8°, 1862.)

11. *Histoire chimique, toxicologique et médicale de l'ergot de seigle.* (Mémoire couronné par la Société de pharmacie de Paris, broch. in-8°, 1842.)

12. *Ergotisme convulsif et gangreneux,* etc. (Compte-rendu de l'Académie des sciences, 1844.)

13. *Traité théorique et pratique de l'ergot de seigle,* envisagé dans ses rapports avec la chimie, l'histoire naturelle, la toxicologie et la médecine pratique. (In-8° de plus de 300 pages, 1845.)

14. *Action de l'ergotine dans les hémorrhagies, tant artérielles que veineuses.* (1847.)

15. *Gangrène de la face dorsale du pied et de la jambe, guérie par l'ergotine.* (1854.)

16. *Coup de feu à la figure d'un brigadier des spahis,* etc., etc. (1854.)

17. *Ergotine employée chez les blessés de Crimée.* (1854.)

18. *Ergotine chez les malades et les blessés de l'armée d'Orient.* (1855.)

19. *Emploi médical de l'ergotine, tant à l'intérieur qu'à l'extérieur.* (In-8°, 1856.)

20. *Modifications apportées par l'ergotine à l'action irritante du perchlorure de fer.* (Broch. in-8°, 1856.)

21. *Ergotine chez les malades et les blessés de l'armée du Rhin,* comme hémostatique antiputride. Diminution du chiffre de la mortalité chez les amputés. (Broch. in-8°, 1856.)

22. *Empoisonnement d'une famille par un sel de cuivre. (Journal de chimie médicale,* 1841.)

23. *Epizooties de la race bovine,* moyens de les prévenir et d'en arrêter la marche. (Broch. in-8°, 1845.)

24. *Maladie des pommes de terre en 1845.* (Vol. in-8°, 300 pages, 1846.)

25. *Panification du riz.* (Broch. in-8°, 1855.)

26. *Maladie du raisin.* (Rapport et articles de journaux, 1846.)

27. *Mémoire sur la rage.* (Société de médecine de Neufchâtel, 1860.)

28. *Le Choléra-morbus.* (Vol. in-8° de 200 pages, 1867.)

29. *Élixir de santé* (Broch. in-8°, 1855.)

30. *Coup de foudre tombé sur l'église de Saint-Thibaud de Couz.* (Broch., 1846.)

31. *Ardoises de Savoie.* (Broch. in-8°, 1847.)

32. *Teintures alcooliques.* (Broch. in-8°, 72 pages, 1852.)

33. *Les Tables tournantes.* (Vol. in-8° de près de 300 pages, 1853.)

34. *Du Sang considéré dans ses rapports avec la médecine légale.* (1857.)

35. *Benzoate et silicate de soude.* (Broch. in-8°, 1860.)

36. *Concours agricole de Chambéry de 1860.* (Vol. in-8°, 1860.)

37. *Minéraux utiles de la Savoie.* (Broch. in-8°, 1862.)

38. *La Savoie agricole, industrielle et manufacturière.* (Vol. in-8°, 1863.)

39. *Le Lait devant les tribunaux.* (Mémoire à l'Académie des sciences, 1865.)

40. *Catalogue des produits de la Savoie à l'exposition de Paris.* (1867.)

41. *Percée des Alpes.* (Broch. in-8°, 4 éditions, 1871.)

42. *Bulletin de la Société centrale d'agriculture de la Savoie.* (Six volumes publiés de 1857 à 1865.)

43. *Monographie de la rage.* (Vol. in-8°, 1878.)

Je ne mentionne pas ici plus de vingt-neuf articles publiés dans les journaux et les revues de chimie, de pharmacie.

Cette liste, arrêtée en 1886, s'est certainement accrue dès lors et ne manquera pas de s'accroître encore des travaux que continue de publier notre infatigable confrère.

HUMBERT PILLET

Un sentiment, que tout le monde comprendra, m'empêche de raconter ici la carrière de mon frère, l'abbé Pillet. Je préfère me borner à copier deux pages de l'*Histoire de Grésy-sur-Aix,* de notre confrère et ami, le comte de Mouxy de Loche, où les principaux événements de cette vie sont parfaitement résumés.

« Humbert Pillet est né à la Trinité, près de la Rochette, le 30 septembre 1812.

« Après avoir suivi, au collège des Jésuites de Chambéry, avec succès, les cours d'études élémentaires, le jeune Pillet, sentant un attrait particulier pour l'état ecclésiastique, voulut entrer au Grand-Séminaire (1829). Quatre ans après, sa théologie terminée, n'étant point encore d'âge à recevoir la prêtrise, il se rendit à l'Université de Turin, et y fut reçu docteur en théologie. A cette époque, le roi Charles-Albert venait de créer à la Superga une espèce d'Académie pour les hautes études religieuses, dont les membres étaient tous désignés par le gouvernement. M. Pillet y fut appelé et s'y rendit en 1833. Là, il commença à se faire connaître par ses remarquables travaux sur la langue hébraïque et sur les Saintes Écritures. En septembre 1835, il vint en Savoie recevoir la prêtrise et retourna ensuite achever les cinq années de séjour à la Superga.

« Ce temps écoulé, Mgr Martinet, qui avait remarqué les qualités et les talents du jeune abbé, voulut se l'attacher comme secrétaire particulier. Après la mort de cet archevêque, en 1839, son successeur, Mgr Billiet, voulant l'utiliser d'une façon plus en rapport avec ses vastes connaissances, lui confia l'enseignement de l'Écriture Sainte au Grand-Séminaire. Cette innovation produisit les meilleurs résultats, grâce au zèle et au savoir du professeur. En 1841, celui-ci fut en outre chargé d'une chaire de théologie, et son infatigable activité lui permit dès lors de mener de front deux cours qui auraient suffi chacun à occuper toute autre personne....

« En 1846, M. Pillet, qui, l'année précédente, avait été nommé chanoine effectif et official métropolitain, contribua puissamment à fonder l'école des sourds et muets. Ainsi les savants travaux de cet homme distingué ne le détournaient point des pratiques de la charité qu'il exerçait avec tant d'autres vertus.

« L'année suivante, le chanoine Pillet ayant été appelé à remplacer l'abbé Turinaz comme vicaire général, quitta à regret ses cours du Grand-Séminaire. En 1849, il prit une part active aux synodes qui furent tenus à Lyon et à Villanovetta, et s'y fit remarquer par l'ampleur de sa doctrine et l'élévation de ses vues.

« En 1850, S. M. le roi Victor-Emmanuel, désirant donner à ses fils un précepteur ecclésiastique, fixa son choix sur le chanoine Pillet.... Celui-ci, avec sa modestie ordinaire, déclinait cet honneur et d'autre part craignait d'assumer sur sa tête une grande responsabilité en refusant; enfin les instances réitérées de ses amis le décidèrent à accepter, et il se rendit à son poste au mois de novembre. Pendant les deux ans qu'il passa à la cour auprès des princes, M. Pillet fit faire de tels progrès à ses élèves, et sut si bien captiver leur affection, qu'il en reçut fréquemment des éloges de la part de Leurs Majestés le Roi et la Reine.

« Ces travaux de toutes sortes avaient insensiblement altéré sa santé, au point qu'au mois de juin 1852, il fut obligé de venir prendre du repos au sein de sa famille, à Grésy-sur-Aix. Là, malgré les soins les plus dévoués et les plus intelligents, sa maladie fit des progrès si rapides qu'il ne tarda pas à être ravi à l'affection de ses parents et de ses nombreux amis, le 11 octobre, à l'âge de quarante ans. »

A cette notice je n'ajouterai que quelques mots sur le rôle de l'abbé Pillet dans la Société royale académique de Savoie. Reçu membre effectif le 11 août 1843, il chercha dans son discours de réception à venger notre illustre Joseph de Maistre des imputations dirigées contre lui par un philosophe lyonnais, auteur des *Soirées de Rothaval.*

En 1845, il communiquait une étude de numismatique sur une médaille fort rare à l'effigie du Christ. Enfin, dans la séance du 14 avril 1847, il lut une savante dissertation sur l'auteur de l'*Imitation de Jésus-Christ.* Cette dissertation est résumée au volume Ier de la seconde série de nos Mémoires. (Pages XLIV et suiv.)

Une Notice nécrologique bien plus complète sur le chanoine Humbert Pillet a été publiée par le secrétaire perpétuel de la Société, en 1854, en tête du volume II de la seconde série des Mémoires. (Pages XXXIX et suiv.)

Comte Eugène DE COSTA

Reçu membre de l'Académie de Savoie le même jour que l'abbé Pillet, le comte Eugène, puîné du marquis Léon de Costa, ne put que bien rarement assister aux séances de la Société et prendre part à ses travaux. Sa santé, déjà chancelante à cette époque, ne fit qu'empirer. Dès le 20 juin 1850, il fut porté au nombre des membres non résidants, et peu de temps après, il succombait à ses précoces infirmités.

Général D'AVIERNOZ

Reçu membre de la Société académique le 5 juillet 1844, le comte Charles de Menthon d'Aviernoz était né à Annecy, le 7 février 1793, d'une des familles les plus illustres de Savoie. Malgré les vicissitudes de cette orageuse époque, il se prépara par de fortes études et par la connaissance des langues au rôle distingué qui l'attendait dans la carrière des armes, où l'appelaient ses souvenirs de famille et le bruit des victoires de l'Empire. Capitaine dans la brigade de Savoie dès 1820, il prenait, à l'ouverture de la campagne de 1848, le commandement de la brigade de Coni et la guidait à Pastrengo, à Goïto, à Santa Lucia. Honoré ensuite du commandement de la brigade de Savoie, il répondait à cette faveur à Santa Giustina, à Sona, à Somma Campagna. Surpris le 23 juillet à la Madonna del Monte, il déconcertait et refoulait avec un seul de ses bataillons une colonne de près de vingt mille Autrichiens ; puis assailli lâchement dans une reconnaissance qu'il avait voulu faire lui-même, il était laissé pour mort, tandis que ses soldats le vengeaient par leur mémorable retraite de Sona.

Mais pourquoi répéter cette touchante épopée dont tout hameau de notre terre guerrière et loyale sait et redit les moindres détails. La première campagne d'Italie fut vraiment la guerre de l'indépendance, la guerre contre l'étranger. Vierge de l'alliage impur qui vint plus tard altérer cette noble cause, la croix blanche de Savoie, franchissant la frontière le 29 mars 1848, entraînait à sa suite tous les cœurs généreux et toutes les imaginations.

D'Aviernoz, relevé parmi les blessés, fut rendu à son

pays, que sa santé ne lui permit plus désormais de servir par l'épée ; mais envoyé à la Chambre par les électeurs de Saint-Pierre d'Albigny, il portait à la tribune la même intrépidité que sur les champs de bataille, et, par son attitude dans les luttes parlementaires de 1849 à 1851, il réalisait son vœu exprimé à l'Académie en 1844, de pouvoir un jour consacrer à son roi et à sa patrie sa plume aussi bien que son épée.

Hélas ! l'illustre gentilhomme avait été mortellement atteint à la Madonna del Monte ; il revint à son château de Rubod. Après avoir honoré les camps et la tribune, il lui fut encore donné d'édifier les paysans par le spectacle d'une vie glorieuse s'achevant simplement au milieu des douces et consolantes pratiques de la religion. Le 12 janvier 1858, celui qu'on avait cru un moment enseveli sur les bords du Mincio, au bruit du canon, est allé trouver sa dernière demeure dans le cimetière de Coise, escorté par des pauvres et par de bons laboureurs.

DOCTEUR DOMENGET

Dans cette curieuse mosaïque qui compose le personnel de notre Société académique, à un général succède un médecin.

Le docteur Louis Domenget est né à Chambéry le 20 mai 1790. Fils d'un avocat au Sénat de Savoie, il se destina d'abord au barreau et étudia le droit pendant deux années. Un goût décidé pour les sciences naturelles le fit renoncer à cette carrière et lui fit préférer la médecine, qui convenait particulièrement à ses facultés intellectuelles et à son esprit de dévouement. En 1809, il se fit inscrire à la Faculté de médecine et de chirurgie de Paris.

Vers la fin de l'anné 1812, à l'occasion de la réorganisation de l'armée détruite par la campagne de Russie, Louis Domenget fut désigné au baron Larrey comme l'un des élèves internes qui, par leur tact médical, la sûreté du coup d'œil et de la main, pourraient rendre le plus de services dans le corps des ambulances militaires. Le chirurgien en chef de la garde le soumit à des épreuves ; puis sans exprimer sa satisfaction par des éloges qu'il n'était ni dans son caractère, ni dans ses habitudes de prodiguer, il fit nommer le jeune interne aide-major dans la vieille garde et l'attacha spécialement à sa personne. Il fit ainsi les campagnes de 1813 et de 1814 et fut mis à la demi-solde jusqu'aux Cent-Jours.

En 1815, le docteur Domenget rentra au service en qualité de chirurgien-major dans la garde. Sur le plateau de Mont-Saint-Jean, il conquit la décoration de la Légion d'honneur. Il amputait un soldat lorsqu'un boulet de canon lui enleva son chapeau et son blessé. Le général commandant la garde impériale vit cet incident et dit au major : « Vous êtes chevalier. » **En 1849**, l'ancien major demandait au prince-président la décoration que lui avait conférée un général de son oncle, sur le champ de Waterloo ; cette distinction lui était accordée de manière à rendre indiscutable la valeur du titre qui la lui avait fait donner, le 18 juin 1815.

Après la chute de l'Empire, le docteur Domenget fut licencié et vint habiter sa ville natale. En rentrant dans la vie privée, il ne se sépara pas à tout jamais de la médecine militaire. Sous le régime paternel des rois de Sardaigne, ses anciens services reçurent de flatteuses récompenses. En 1835, le roi Charles-Albert se préoccupait beaucoup des médecins de son armée. Il demanda à M. Domenget un rapport sur l'état de leur instruction et de leur organisation comparée à celui de l'armée française, et le chirurgien-major de la vieille garde n'hésita pas à accuser la supériorité relative de ses vieux compagnons d'armes ; sa franchise lui valut beaucoup d'inimitiés, mais elle lui attira l'estime du monarque. Il reçut successivement et en peu d'années la croix des Saints Maurice et Lazare, le titre et le grade de médecin militaire de première classe, le titre de médecin du roi et de la famille royale en Savoie.

Des circonstances impérieuses l'ont parfois éloigné de la pratique médicale ; elles l'ont même forcé de résider à la campagne et de résigner ses fonctions de professeur de chimie, de médecine, de clinique à l'école de médecine de Chambéry.

Au moment où il vivait retiré dans ses terres de Challes, il apprend qu'une grave épidémie sévit sur sa ville natale. Aussitôt il accourt, étonne et rassure par la sûreté de son diagnostic, prodigue ses soins dans les hôpitaux et partout où il y a des pauvres à secourir.

Dans le courant de mars 1841, le hasard lui fit découvrir une source d'eau minérale au milieu d'un marais, propriété de sa femme. Dès lors, il cessa d'appartenir à la science proprement dite, il se fit l'apôtre d'une idée; il employa ses éminentes qualités, ses connaissances en chimie et en médecine, son temps, sa fortune, toutes ses forces, tout son esprit à faire connaître les eaux de Challes, à en légitimer le succès dans le monde médical. Ses efforts et ses travaux sont des titres impérissables à notre reconnaissance.

Je me permettrai de citer ici un trait qui peint l'aménité de son caractère. Un jour il exaltait devant le savant cardinal Billiet les qualités merveilleuses de la source sulfureuse de Challes. Le malin prélat lui répondit en badinant: « Monsieur le docteur, vous me permettez bien de ne croire que la moitié de ce que vous me dites. » — « Monseigneur, répliqua-t-il sans se fâcher, c'est trop d'honneur que vous me faites, tant d'autres n'en croient pas un mot. »

Les prévisions du prélat et même celles du bon docteur furent dépassées : quelques années plus tard, un établissement important était créé, des hôtels s'élevaient tout à l'entour, les clients y accouraient des pays les plus éloignés. La commune de Triviers obtenait même de changer son ancien nom pour prendre celui de la source merveilleuse : *Challes-les-Eaux*.

Le docteur Domenget était membre de plusieurs Sociétés savantes : de la Société médicale d'émulation de Paris; correspondant de l'Académie de médecine de Paris, de celle de Turin; médecin des prisons et du dépôt de mendicité;

membre fondateur de la Société médicale de Chambéry et de l'Association des médecins de la Savoie.

Il fut reçu membre effectif de la Société royale académique de Savoie le 22 juillet 1846.

Il est mort le 4 février 1867, dans la 77e année de son âge, sans souffrances, sans angoisses, conservant jusqu'au dernier soupir la présence et même l'activité de son esprit.

CHAPITRE IV

SOCIÉTÉ ROYALE ACADÉMIQUE DE SAVOIE
(1848-1860.)

Par décret royal daté du quartier général de Crémone, 3 avril 1849, Charles-Albert accorde à notre modeste Société provinciale le titre d'*Académie royale de Savoie.* C'est pour nous une ère nouvelle qui commence ; c'est le plein épanouissement de la Société académique de 1820, la période de virilité.

Constatons d'abord quel était le personnel de notre Société en 1848 :

Président, Mgr Alexis Billiet, archevêque de Chambéry.

Vice-Président, M. le chevalier de Juge, conseiller à la Cour d'appel.

Secrétaire perpétuel, M. le chevalier Léon Ménabréa, substitut avocat général.

Secrétaire-adjoint, M. le chevalier Bonjean, protopharmacien.

Trésorier, M. l'avocat Raymond, professeur de droit.

Membres résidants.

MM. Le comte de Boigne Charles-Benoît.
L'abbé Chamousset, chanoine de la Métropole.
L'abbé Chuit, chanoine de la Métropole.

MM. Le marquis Costa de Beauregard Pantaléon.
Le comte Costa de Montgex Eugène.
L'abbé Dépommier, chanoine de la Métropole.
Le chevalier Domenget, docteur-médecin.
M. Guilland Jean-François, docteur-médecin.
Le baron Jacquemoud, conseiller à la Cour d'appel.
Le comte Marin Louis-Joseph.
L'abbé Pillet, chanoine de la Métropole.
Le chevalier Rey, docteur en chirurgie.
M. Saint-Martin, professeur émérite.
M. Saluces, pharmacien-chimiste.

En tout dix-neuf membres effectifs résidants. Rappelons-nous qu'ils étaient huit en 1820 et seize en 1827.

Membres non résidants (en 1846).

Mgr Louis Rendu, évêque d'Annecy.
M. le comte Xavier de Maistre.
Mgr André Charvaz, archevêque de Sébaste.
S. Ex. le comte Avet, ministre de grâce et justice.
Mgr François-Marie Vibert, évêque de Maurienne.
M. le comte Pillet-Will, régent de la Banque de France.
M. le chevalier Despine, inspecteur général des mines.
M. le chanoine Martinet, à Moûtiers.
M. le docteur Trésal, docteur-médecin au Bourg-Saint-Maurice.
M. le chevalier Louis-Frédéric Ménabréa, colonel du génie à Turin.
M. le chanoine Magnin, à Annecy.
Mgr Dupanloup, évêque d'Orléans.

Nous avons dû nous contenter de la liste publiée en 1846, parce qu'il n'a pas été publié de volumes depuis 1846 jusqu'en 1851. Nous avons pu nous assurer d'ailleurs qu'il n'y était pas survenu de changement de 1846 à 1848. Les membres non résidants étaient quatorze en 1827, et douze seulement en 1848. La mort avait fait dans leurs rangs des vides qui n'étaient pas tous comblés.

Membres agrégés (en 1846.)

MM. Agassitz (professeur), à Neuchâtel.
Balbis de Sambuy, à Turin.
Élie de Beaumont, membre de l'Institut à Paris.
Bebert Pierre-Antoine, pharmacien à Chambéry.
Bertini (le chevalier), docteur-médecin à Turin.
Bonafous (le chevalier), à Turin.
Bouvard, astronome à Paris.
Caffe (le chevalier Paul), docteur-médecin à Paris.
Calloud, protopharmacien à Annecy.
Cibrario (le chevalier Louis), membre de l'Académie des sciences à Turin.
Costerg, docteur-médecin à Paris.
Ducroz de Sixt, avocat à la Cour d'appel de Paris.
De Fortis, homme de lettres à Paris.
Fournet, professeur de minéralogie à Lyon.
Gal, chanoine à Aoste.
Gazzera (le chevalier), membre de l'Académie des sciences à Turin.
Genin Félix, entomologiste à Chambéry.
Peytavin Jean-Baptiste, peintre à Chambéry.
Raymond Jacques-Marie, professeur de mathématiques à Chambéry.
Replat Jacques, avocat à Annecy.
De La Rive, professeur à Genève.
Sclopis (le comte Frédéric), avocat général au Sénat de Turin.

MM. Sismonda (le chevalier Angelo), membre de l'Académie des sciences de Turin.

Trompeo (le chevalier), docteur en médecine à Turin.

En 1827, il n'y avait que deux agrégés et vingt-quatre en 1848. Cette augmentation si rapide est due à une modification introduite au règlement primitif qui ne permettait de nommer agrégés que des Savoisiens. Depuis que le nouveau règlement autorise à accorder ce titre même aux étrangers, le nombre en a été considérablement augmenté.

Dans le principe, il en était de même pour les membres correspondants. Une délibération du 12 mars 1826 permit d'y admettre des étrangers ; aussi les correspondants qui n'étaient que trois en 1820, étaient déjà quarante-un en 1827, et sont-ils bien plus nombreux en 1848. Ils devinrent si nombreux, que nos volumes de 1851 à 1862 n'ont pas même publié leurs noms. Depuis lors, il a semblé que c'était une satisfaction honorable qu'il était juste de leur concéder. C'est pourquoi leurs noms sont imprimés depuis 1862 jusqu'en 1887.

En examinant les noms des membres effectifs de 1848, on voit que la plupart de nos fondateurs de 1820, et bon nombre des membres de 1827 ont disparu ; plusieurs ont quitté Chambéry et ont passé dans la classe des non résidants ; plusieurs aussi sont morts et ont laissé de vifs regrets.

Mais on constate qu'ils ont été remplacés par de nouveaux membres appartenant presque tous aux classes les plus élevées de la Société, et surtout par des travailleurs d'un mérite réel. Ainsi nous y comptons, avec Mgr l'archevêque, président, quatre chanoines de la Métropole ; trois magistrats, cinq nobles de familles connues, trois médecins, deux pharmaciens, un avocat, etc. On voit par là que le titre de membre de l'Académie de Savoie était recherché et qu'il existait une louable émulation pour l'obtenir.

Notre Société jouissait d'une telle considération, qu'elle était consultée par le ministère de la justice sur la traduction en français de certains termes du Code civil, rédigé d'abord en italien. Le roi Charles-Albert lui confiait la rédaction de l'inscription en langue française à graver à l'entrée du pont suspendu de la Caille en Genevois. La ville de Chambéry lui demandait aussi les inscriptions pour la colonne de Boigne.

La Société académique avait reçu déjà d'importantes dotations, soit du roi Charles-Félix, soit du général de Boigne, ainsi que nous l'avons raconté ; mais elle n'avait pas encore de prix à distribuer.

Le 30 avril 1831, M. Guy, avocat à Chambéry, envoya à cette ville une somme de 8,000 fr., avec une lettre demandant la fondation d'un prix annuel de poésie, et constituant la Société royale académique juge du concours. La municipalité obtint du généreux fondateur que le prix fût donné une année à la poésie et une année à la peinture ou au dessin. L'Académie de Savoie devait être chargée de fixer les sujets et de juger les ouvrages. C'est en 1833 que notre Société a commencé à exercer cette délicate fonction.

En 1836, le comte Pillet-Will, régent de la Banque de France, adressait à l'Académie une somme de 6,000 francs pour être employée à l'achat d'instruments modèles d'agriculture. Le président, tout en exprimant la reconnaissance de la Société et de la Savoie entière pour cette donation, faisait observer que le sol accidenté de notre pays se prêtait peu à l'emploi des nouvelles machines agricoles ; qu'il serait peut-être plus avantageux de *placer, sous le titre de fondation*

Pillet-Will, la somme dont il s'agit en capital, pour en employer la rente annuelle à proposer des prix ou à distribuer des primes dont la Société déterminerait les sujets selon les convenances.

M. le comte Pillet-Will ayant approuvé cet avis, le placement a été effectué, et la Société a distribué tantôt des prix sur des sujets relatifs à l'agriculture, tantôt des primes à des cultivateurs qui avaient réalisé des améliorations, tantôt alloué des subsides aux Sociétés spéciales d'agriculture chargées de distribuer ces récompenses au nom de l'Académie de Savoie.

La même année 1836, M. Mathieu Bonafous avait déjà offert à la même Société une somme de 1,000 francs pour encourager la culture de la betterave en Savoie. L'Académie, avant d'accepter cette offre, avait proposé, sur ses fonds, un prix de 600 francs à décerner à l'auteur du meilleur Mémoire qui présenterait *des lumières positives et des données certaines sur les ressources que peut offrir la Savoie pour ce genre d'industrie et sur les avantages qu'elle pourrait en recueillir.* Ce double prix a été accordé à M. André Falcoz, des Marches, le 16 août 1836, dans une séance à laquelle assistait le comte Pillet-Will.

Enfin, par un testament ouvert le 9 février 1847, M. le comte de Fortis a légué à notre Société, qui le comptait au nombre de ses membres, *une somme de 25,000 francs dont les revenus devront être employés à faire sculpter les bustes des hommes célèbres de notre pays.* Par une transaction de 1857, agréée par les héritiers du défunt, l'Académie a reçu la libre disposition d'un capital de 30,000 francs, sans être soumise à l'emploi spécifié par le testateur.

Dès qu'elle se vit dotée d'un revenu fixe, la Société royale académique songea à fonder de nouveaux prix pour encourager les études pratiques, les découvertes utiles à la Savoie. Elle avait d'abord proposé un prix pour améliorer la fabrication des briques et surtout des tuiles pour toitures.

Le 8 février 1828, elle ouvrit un concours pour une statistique agricole d'une des provinces de la Savoie.

Après la mort du général de Boigne, un sentiment de juste reconnaissance lui fit donner pour sujet d'un autre concours : *L'Éloge historique de son bienfaiteur ;* M. le chanoine Turinaz obtint le prix.

En 1830, à la mort du roi Charles-Félix, autre bienfaiteur de la Société, elle ouvrit un concours semblable, mais qui dut être retiré en 1833, à défaut de concurrents.

En septembre de la même année 1830, elle proposa un prix de 600 francs pour le meilleur Mémoire sur le dessèchement des marais.

En août 1833, un autre prix sur cette question : *Quels sont les moyens de tirer le meilleur parti des produits de la vigne en Savoie?*

En 1834, autres prix sur ces sujets :

1° *Exposer quelle est l'influence des migrations annuelles des habitants de diverses vallées de la Savoie sur les mœurs, l'éducation, l'industrie du pays et les intérêts généraux du duché ;*

2° *Rédiger un tableau topographique, statistique et comparatif de la ville de Chambéry, considérée avant l'année 1792 et depuis cette époque jusqu'à l'année 1834 inclusivement.*

Ce concours fut prorogé en 1835. Je ne crois pas que les prix aient été distribués.

La fondation de M. Guy, à la date du 30 avril 1831, vint ajouter à ces concours utilitaires des concours plus spécialement littéraires et artistiques dont la Société royale académique désignait, chaque année, les sujets.

Ainsi, pour la première année, en 1832, elle avait donné pour sujet aux poètes : *L'Établissement des eaux thermales d'Aix en Savoie, envisagé dans tout son ensemble et sous ses divers rapports d'utilité, d'agrément, des dépenses et des soins qui ont été consacrés pour le bien de l'humanité et pour l'avantage du pays.* C'était bien compliqué ! Le prix cependant fut obtenu par M. le chevalier Auguste de Juge et Mlle Jenny Bernard.

Pour la peinture, le sujet était : *Un Paysage à l'aquarelle représentant une vue prise dans les environs de Chambéry, au choix des concurrents.* Ce prix a été gagné par M. Philippe Courtois, auteur d'une vue du château du Bourget, qui orne encore aujourd'hui la salle des séances de l'Académie.

Parmi les poèmes couronnés dans les années suivantes, nous citerons :

En 1833, *le Diguement de l'Isère,* par le docteur Trésal, de Bourg-Saint-Maurice.

En 1835, *l'Amour des Savoyards pour leur pays,* partagé entre le même docteur Trésal et M. Antoine Ougier, de Moûtiers.

En 1837, *le duc Amédée VI* ou *le Comte-Vert de Savoie,* le prix a été mérité par le docteur Jacquemoud, de Moûtiers, et une médaille accordée au docteur Trésal.

En 1839, *le Progrès,* prix mérité par Jean-Pierre Veyrat et le docteur Jacquemoud.

En 1843, *la glorieuse Mission de saint François de Sales en Chablais,* partagé entre M. Cayen, d'Évian, et M. Bebert, notaire à Chambéry.

1845 et 1847, *les Chevaliers-Tireurs de Chambéry et la*

défense du château d'Apremont, où il ne fut accordé que deux mentions honorables.

Quant à la peinture, pendant la même période, nous pouvons citer :

En 1834, un tableau à l'huile, par M. Peytavin.

En 1836, un dessin au lavis, par MM. Molin et Courtois.

En 1838, une peinture à l'huile, par MM. Guille et Molin.

En 1840, un paysage de la Savoie, le château de Faucigny, par M. Hugard.

En 1843, l'Académie florimontane, par M. Molin.

En 1845, ruines du château de Miolans, par M. Baud, de Morzine.

Outre ces prix qu'elle distribuait, la Société royale académique accordait encore des subventions généreuses à toutes les œuvres utiles à la Savoie. Ainsi, en 1840, elle alloue un subside de 1,000 francs aux incendiés de Sallanches. L'année suivante, elle souscrit pour l'érection de la statue de Berthollet à Annecy (500 francs). — MM. Courtois et Aubert, lithographes, ayant entrepris de publier une *Galerie savoisienne,* elle les encourage par une souscription de deux actions (400 francs). En 1843, elle s'inscrit encore pour une somme de 200 francs pour la statue de Fodéré, à Saint-Jean de Maurienne, et en 1845, pour une pareille somme de 200 francs pour l'érection d'un monument à Fabien Calloud, à Annecy.

Elle accordait aussi des primes de 300 francs à des agriculteurs qui avaient su créer de beaux jardins sur les rocs stériles de Lémenc (MM. Malo, Marin et Bogey François, 1838).

Dans le rapport qu'il présentait à la Société le 31 janvier 1848, M. Ménabréa s'exprimait en ces termes, que j'aime à reproduire : « A dater de sa fondation, la Société royale académique de Savoie n'a cessé de se livrer à des investigations utiles ; elle s'est attachée surtout à conserver les bonnes doctrines, à entretenir l'amour de la religion, du prince et de la patrie. Douze volumes de Mémoires, et un treizième actuellement sous presse, témoignent du zèle qu'elle a toujours mis à marcher vers le but de son institution. Par ses dernières publications, elle a acquis un rang distingué parmi les associations scientifiques de l'Europe ; ses travaux ont obtenu partout de légitimes succès ; les savants de tous les pays tiennent aujourd'hui à l'honneur de lui appartenir, ainsi qu'en font foi les registres de ses membres effectifs, agrégés et correspondants.

« Outre les relations qu'elle a établies avec l'Académie royale de Turin, avec l'Académie des beaux-arts, l'Académie d'agriculture et de commerce et l'Académie de médecine de la même ville, la Société royale académique de Savoie a noué d'honorables rapports avec l'Institut royal de France, avec les Académies royales de Lyon et de Besançon, avec l'Académie delphinale, avec la Société de statistique de Grenoble, la Société de physique de Genève, la Société d'histoire genevoise, la Société d'histoire de la Suisse Romande, la Société des sciences naturelles du canton de Vaud, l'Académie de Neuchâtel, etc, etc. En 1844, enfin, elle a fraternisé avec la Société géologique de France, qui s'était, comme on sait, réunie à Chambéry ; elle lui a offert une séance publique et un banquet, et a contribué de tout son pouvoir à l'accueil qui fut fait alors à ces honorables étrangers, accueil dont ils conserveront un long souvenir. »

J'ajouterai, en passant, que la réunion de la Société géologique à Chambéry, en 1844, a donné naissance à la Société d'histoire naturelle de Savoie et au musée, créés dans notre ville en 1844. Ces utiles fondations sont ainsi dues à l'initiative de l'Académie de Savoie, qui avait provoqué le congrès géologique et en avait assuré le succès.

Comme conclusion de son rapport ci-dessus, le secrétaire perpétuel demandait pour la Société royale académique de Savoie : 1° le titre d'*Académie royale ;* 2° la confirmation de ses membres effectifs par Sa Majesté. Ces deux demandes lui furent accordées par le décret royal du 3 avril 1848, et dès ce jour la Société prit le nom d'*Académie royale.*

La nomination des membres effectifs a été confirmée par le roi jusqu'au décret impérial du 14 juillet 1860, qui a changé le nom de l'Académie et n'a pas renouvelé la faveur de la confirmation de ses membres.

Revenant aux progrès réalisés de 1827 à 1848, nous voyons que, durant cette période, la Société royale académique de Savoie a commencé à prendre part aux congrès scientifiques réunis soit en Italie, soit en France. Ainsi, en 1846, elle députe des délégués au congrès scientifique de Gênes, d'autres à celui de Marseille, comme aussi à l'inauguration du monument Fodéré, à Saint-Jean de Maurienne. Elle est considérée comme ayant une institution officielle, comme une Académie de premier ordre.

Pour résumer, je dirai que c'est pendant cette période, et plus particulièrement pendant le règne de Charles-Albert, que les sciences, les lettres, les arts ont atteint leur apogée en Savoie. Ni au XVIIe, ni au XVIIIe siècle, nous n'y trouvons un pareil élan ; on peut dire que c'est pour Chambéry l'ère de la *renaissance*.

Ainsi, pour les arts, le prix de peinture et l'école de dessin Marcoz sont fondés à Chambéry. — Pour la musique, Melchior Raymond imagine des accords nouveaux dont il justifie la théorie par les lois de l'acoustique.

Pour la poésie, les concours bisannuels fondés par

M. Guy mettent en relief des poètes, Jean-Pierre Veyrat, Marguerite Chevron, Jenny Bernard, auxquels nous devons joindre Auguste de Juge, Jacques Replat, etc.

Dans les sciences mathématiques et pour la philosophie, Georges-Marie Raymond, chanoine Turinaz.

Pour la physique et la mécanique, le comte de Loche, Mgr Rendu, Louis Ménabréa.

Pour la médecine et la chimie, MM. Domenget, Rey, Gouvert, Fodéré, Bonjean, Calloud.

Pour la météréologie, Mgr Billiet, MM. Raymond, Chamousset, Mottard.

Pour l'agriculture, fondation Pillet-Will, les nombreuses communications Bonafous, Gouvert, etc.

La géologie savoisienne prend en quelque sorte naissance au congrès de Chambéry, sous la direction de MM. Chamousset et Rendu.

Mais c'est surtout l'histoire et l'archéologie qui reçoivent une vive impulsion, grâce aux travaux de Mgr Billiet, M. G.-M. Raymond, comte de Loche, marquis de Costa Léon, Ménabréa, etc.

Ce mouvement de progression s'est-il ralenti, s'est-il au contraire accéléré dans la troisième période qui commence au décret du 3 avril 1848, daté du camp de Crémone, jusqu'à l'annexion de la Savoie à la France, proclamée le 24 juin 1860 ?

Nous constaterons d'abord que les années de guerre et de révolutions politiques de 1848 à 1860 ne sont favorables ni aux lettres, ni à l'étude des sciences. Aussi cette période, longue de douze ans, compte-t-elle moins de travaux publiés, moins de membres admis que la précédente et que la suivante qui s'étendra de 1860 à 1870. Elle ne fournit que trois volumes de Mémoires et dix membres effectifs nouveaux.

RABUT François

Pour M. Rabut, comme pour tous les membres encore vivants, nous nous faisons un devoir de ne publier ni biographie, ni appréciation critique, mais une simple nomenclature de ce qu'il a imprimé jusqu'à ce jour. Nous tâcherons de la rendre aussi complète que possible, et espérons qu'elle s'enrichira encore de nombreuses et savantes publications. Nous citerons seulement ces deux faits personnels :

Né à Chambéry le 24 décembre 1819.

Reçu membre effectif de l'Académie le 8 février 1850.

1. Mémoires de la Société royale académique de Savoie, t. XII, 1re série, 1846 : *Quelques inscriptions recueillies en Savoie.* (Compte-rendu, p. LIV.)

2. *Note sur une inscription existant à Saint-Jeoire. — Notice sur une dalle funéraire existant dans l'église du Bourget.* (Imp. Puthod, 1851, 2 pl.)

3. *Notice sur quelques monnaies inédites de Savoie,* par M. F. Rabut, conservateur-adjoint du musée d'archéologie et de numismatique de Chambéry. (*Ibid.*, t. XIII, 1re ou 2e série, p. 159 à 178, avec 1 pl. — 1851, tirage à part ; Chambéry, Puthod, in-8o.)

4. Archéologie savoisienne : *Appel aux numismates et antiquaires, — et Note sur un vitrail du château de Chambéry. — Sur des monnaies d'or trouvées près du pont du Reclus, à Chambéry. Sur un écu d'or inédit du duc Emmanuel-Philibert. — Découvertes faites en Savoie et signalées pendant l'année 1850.*

Articles publiés dans le *Bulletin de la Société d'histoire naturelle de Savoie.* (Vol. I, Chambéry, Bachet, 1850.)

Archéologie savoisienne (suite), inscriptions. — *Découvertes faites ou signalées pendant le premier trimestre de l'année 1851.*

Même bulletin, vol. II. (Chambéry, Bachet, 1851, 1852 et 1853.)

5. *Deuxième notice sur quelques monnaies de Savoie, inédites.* (Mémoires de la Société royale académique de Savoie, tome II, 2e série, p. 47 à 80, avec 4 pl., et tiré à part; Chambéry, Puthod, 1854.)

6. *Troisième notice sur quelques monnaies de Savoie, inédites, contenant une restitution à Amédée VIII des demi-gros attribués à Amédée VI.* (*Ibid.*, t. III, 2e série, p. 119 à 142, avec 2 pl., tiré à part; Chambéry, Puthod, 1862.)

7. *Quatrième notice sur quelques monnaies de Savoie, inédites.* (*Ibid.*, t. V, 2e série, p. 105 à 117, avec 1 pl., tiré à part; Chambéry, Puthod, 1862.)

8. *Cinquième notice sur quelques monnaies de Savoie, inédites.* (Mémoires et documents publiés par la Société savoisienne d'histoire et d'archéologie, t. XIII, p. 5 à 25, avec 1 pl.; Chambéry, Bottero, 1872.

9. *Note sur trois jetons inédits de Genevois.* (Extrait du Bulletin archéologique français, 1855.)

10. *Documents relatifs au couvent de Saint-Dominique de Chambéry.* (Mémoires de la Société d'histoire et d'archéologie, t. I; Chambéry, Bottero, 1856, in-8°, 30 p.)

11. *Liste des hameaux, châteaux, fermes et autres lieux habités quelconques portant un nom particulier de la Savoie-Propre, suivie de la liste par ordre alphabétique des hameaux, châteaux,* etc. (*Ibid.*, Bottero, 1856, in-8°, 80 p.)

12. *Documents relatifs au couvent de Saint-Dominique de Chambéry*, 2e série. (*Ibid.*, Bottero, 1858, in-8°, de 106 p.)

13. *Franchises de Montmélian et d'Arbin*, transcrites par M. Huguenin Joseph et précédées d'*une note sur les franchises de la Savoie.* (*Ibid.*, Bottero, 1858, in-8°, 24 p.)

14. *Liste par ordre alphabétique des communes, des hameaux, châteaux, fermes de la province de la Haute-Savoie, suivie de la même liste par ordre alphabétique des châteaux*, etc. (*Ibid.*, t. III, Bottero, 1859, in-8°, 30 p.)

15. *Réunion de la Société d'histoire et d'archéologie à Annecy.* (Philippe, 1856, in-8°, 24 p., Bulletin de l'Association florimontane).

16. *Un procès entre les Dominicains et les chanoines d'Annecy, en 1733.* (*Ibid.*, Philippe, 1856, in-8°, 8 p.)

17. *Numismatique savoisienne. Tiers de sols mérovingiens inédits, trouvés en Savoie et appartenant à l'ancien royaume de Bourgogne.* (Mémoires de la Société d'histoire et d'archéologie, Bottero, 1857, et lith.)

18. *Bulletin bibliographique de la Savoie, 1re année.* (Philippe, 1857, in-8°, 73 p.)

19. *Bulletin bibliographique de la Savoie, 2e année, 1857.* (Mémoires de la Société d'histoire et d'archéologie, Bottero, 1858, in-8°, 79 p.)

20. *Bulletin bibliographique de la Savoie, 3e année, 1858.* (*Ibid.*, Bottero, 1858, in-8°, 66 p.)

21. *Bulletin bibliographique de la Savoie, 4e année, 1859.* (*Ibid.*, Bottero, 1859, in-8°, 63 p.)

22. *Bulletin bibliographique de la Savoie, 5e année, 1860.* (*Ibid.*, Bottero, 1860, in-8°, 54 p.)

23. *Bulletin bibliographique de la Savoie, 6e année, 1861.* (*Ibid.*, Bottero, 1862, in-8°, 62 p.)

24. *Bulletin bibliographique de la Savoie, 7e année, 1862.* (*Ibid.*, Bottero, 1863, in-8°, 51 p.)

25. *Bulletin bibliographique de la Savoie, 8e année, 1863.* (*Ibid.*, Bottero, 1864, in-8°, 40 p.)

26. *Bulletin bibliographique de la Savoie, 9e année, 1864.* (*Ibid.*, Bottero, 1865, in-8°, 35 p.)

27. *Bulletin bibliographique de la Savoie, 10e année, 1865.* (*Ibid.*, Bottero, 1866, in-8°, 40 p.)

28. *Bulletin bibliographique de la Savoie, 11e année, 1867.* (*Ibid.*, t. XI, Bottero, 1867, in-8°, 35 p.)

29. *Bulletin bibliographique de la Savoie, 12e année, 1870.* (*Ibid.*, t. XII, Bottero, 1870, in-8°, 32 p.)

39. *Bulletin de la Société savoisienne d'histoire et d'archéologie, 1857-1858.* (T. II, 1858, Bottero, in-8° de LVI p.)

31. *Bulletin de la Société savoisienne d'histoire et d'archéologie.* (T. III, Bottero, 1859, in-8°, LXXXVI p.)

32. *Bulletin de la Société savoisienne d'histoire et d'archéologie.* (T. IV, 1860, Bottero, 1860, in-8°, LXVIII p.)

33. *Bulletin de la Société savoisienne d'histoire et d'archéologie, 1860-1861.* (Bottero, 1860, in-8°, XXXII p.)

34. *Bulletin de la Société savoisienne d'histoire et d'archéologie, 1860-1861.* (Bottero, 1861, in-8°, LXIV p.)

35. *Bulletin de la Société savoisienne d'histoire et d'archéologie, 1861-1862.* (Bottero, 1861, in-8°, XXXII p.)

36. *Protestation faite par Nicod de Menthon, gouverneur de Nice et capitaine des galères du duc de Savoie, contre le podestat et la ville de Chio, qui retenaient par force les galères sur lesquelles il ramenait les ambassadeurs du concile de Bâle*, etc. (*Ibid.*, t. III, Bottero, 1859.)

37. *Collége-pensionnat national de Chambéry.* (Distribution solennelle des prix pour l'année scolaire 1858-1859, le 23 novembre, Bottero, 1859, in-8° de 43 p.)

38. *Numismatique savoisienne. — Denier de l'évêché de Saint-Jean de Maurienne frappé à Aiguebelle au XIe siècle.*

(Mémoires de la Société d'histoire et d'archéologie, III, Bottero, 1859, in-8°, de 13.)

39. *Fragment de l'histoire de Chambéry. — Un fragment sur la place Saint-Léger, le 16 mars 1791 et 25 septembre 1792.* (*Ibid.*, t. IV, Bottero, in-8°, 24 p., 1860.)

40. *Petite Chronique du frère Billard, chartreux, contenant le récit de la maison d'Aillon, en Bauges,* etc. (*Ibid.*, t. IV, Bottero, 1860, in-8°, 15 p.)

41. *Obituaire des Frères mineurs conventuels de Chambéry, de l'Ordre de Saint-François,* etc. (*Ibid.*, Bottero, 1861, in-8°, 113 p.)

42. *Lycée impérial d'Agen.* Distribution solennelle des prix aux élèves le 21 juin 1862, contenant le discours prononcé par M. Rabut. (Agen, Noubel, 1862, in-8°, de XIX, 38 p.)

43. *Les Antonins de Chambéry. — Glanes historiques.* (Mémoires de la Société d'histoire et d'archéologie, t. VIII, Bottero, 1863, in-8°, 34 p.)

44. *Histoire généalogique de l'illustre maison Milliet, de Chambéry*, par M. Besson, curé de Chapeiry ; éditée avec une *Notice sur Besson*, par M. Rabut. (*Ibid.*, t. VIII, Bottero, 1864, in-8°, 61 p.)

45. *Lettres sur la sigillographie savoyarde, — Première lettre.* (*Ibid.*, t. XII, Bottero, 1870, 7 p.)

46. *Lettres sur la sigillographie savoyarde. — Deuxième lettre.* (*Ibid.*, Bottero, 1873, 7 p. et pl.)

47. *Quelques mailles de Tavernier en Savoie.* (Extrait de la numismatique belge, 5e série, t. V, Bruxelles, Gobbaerts, 1873, in-4° de 8 p. et 2 pl.)

48. *Le Mystère de Monseigneur Saint-Sébastien*, drame en vers, joué à Lanslevillard en 1567. (Mémoires de la Société d'histoire et d'archéologie, t. XIII, Bottero, 1872, in-8°, 197 p.)

48 *bis*. *Médaille d'Albert Pie de Savoie, comte de Carpi.* (*Ibid.*, t. V, série 4e, Bruxelles, Gobbaerts, in-8° de 5 p. et pl.)

49. *Méraux de la Sainte-Chapelle de Chambéry et de l'église de Belley.* (Mémoires de la Société d'histoire et d'archéologie, t. XV, Bottero, 1874, in-8° de 13 p. et pl.)

50. *Note sur une bulle de Pierre de Savoie, archevêque de Lyon.* (Extrait de l'Académie des sciences de Turin, 1877 ; Turin, in-8°, 4 p.)

51. *Le Séjour de Janus de Savoie en France avec son gouverneur Louis d'Avancher.* (*Ibid.*, t. XVI, Ménard, 1887, in-8°, 42 p.)

52. *Jeton de la Chambre des comptes de Chambéry.* (*Ibid.*, t. XX, Ménard, in-8°, 42 p.)

Ouvrages publiés en collaboration avec Auguste Dufour.

53. *Histoire de la commune de Flumet.* (*Ibid.*, t. XI, in-8° de 166 p., Bottero, 1867.)

54. *Notes pour servir à l'histoire des Savoyards de divers États. — Les peintres et les peintures en Savoie, du XIIIe au XIXe siècle.* (*Ibid.*, t. XII, Bottero, in-8°, 503 p.)

55. *Notes pour servir à l'histoire des Compagnies de tir en Savoie.* (*Ibid.*, t. XIII, Bottero, in-8°, p. 92.)

56. *Notes pour servir à l'histoire des Savoyards de divers États. — Les sculpteurs et les sculptures en Savoie, du XIIIe au XIXe siècle.* (*Ibid.*, t. XIV, Bottero, in-8°, p. 93.)

57. *Louis de Nice, juif converti, filleul et médecin du duc Louis de Savoie et directeur des salines de Tarentaise, au moment de l'éboulement de Salins, 1445-1474.* (*Ibid.*, t. XV, Bottero, 1876, 23 p.)

58. *Notes pour servir à l'histoire des Savoyards de divers*

États. — *Les peintres et les peintures en Savoie, du XIVe au XIXe siècle.* (*Ibid.*, XV, Bottero, in-8°, 67 p., 1876.)

59. *L'imprimerie, les imprimeurs et les libraires en Savoie, du XVe au XIXe siècle.* (*Ibid.*, XVI, Bottero, 1877, in-8°, 415 p.)

60. *Les musiciens, la musique et les instruments de musique en Savoie, du XIIIe au XIXe siècle.* (*Ibid.*, XVII, Bottero, 1878, in-8°, 226 p.)

61. *Miolans, prison d'État,* monographie avec introduction. (*Ibid.*, XVIII, Bottero, 1879, in-8°, 533 p.)

62. *Ode à Mme Marguerite de France, duchesse de Savoie,* par Marc-Claude de Buttet. (*Ibid.*, XIX, Bottero, 1881, in-8°, p. 51.

63. *Les armuriers, les fabricants de poudre à canon et les armes de diverses espèces en Savoie, du XIVe au XVIIIe siècle.* (*Ibid.*, XXII, Bottero, in-8°, 128 p., 1884.)

64. *Les fondeurs de cuivre, les canons et les cloches en Savoie.* (*Ibid.*, XXI, Bottero, 1883, in-8°, p. 139.)

65. *Montmélian, place forte; sièges qu'elle a soutenus, série de ses gouverneurs,* etc. (*Ibid.*, XX, 1882, in-8°, 273 p.)

66. *Deuxième centurie de documents inédits. — Chartes municipales de Savoie : Maurienne, Tarentaise, Genevois, Chablais, Faucigny, Valais, Vaud et Bugey.* (*Ibid.*, XXIII, Ménard, 1885, in-8°, 352 p.)

67. *Les orfèvres et les produits de l'orfèvrerie en Savoie.* (*Ibid.*, XXIV, Ménard, 1886, in-8°, 67 p.)

68. *Les Médecins,* avec introduction, par F. Rabut. (*Ibid.*, 1888, XXVII, Ménard, in-8°, 41 p.)

GUILLAND Louis

Un de nos amis doit publier prochainement une biographie complète du docteur Guilland, qui a laissé de si bons souvenirs dans notre Académie de Savoie. En attendant cette communication, je me bornerai a indiquer la série de ses œuvres, en y ajoutant quelques mots de mes impressions personnelles.

Fils du docteur François Guilland dont nous avons déjà résumé la vie, Louis Guilland est né à Chambéry le 6 janvier 1820.

Il avait à peine trois ans lorsque nous avons fait connaissance. Il me souvient d'avoir été porté chez lui par ma bonne, et depuis lors, pendant plus de soixante ans, nous sommes restés les plus intimes amis. Il est rare de voir une intimité si précoce et si durable !

Il y a chez le docteur Guilland trois hommes : le médecin, le chrétien, le lettré.

Le médecin achevait ses études à l'Université de Turin ; son père, fervent disciple de la Faculté de Montpellier, l'envoya passer une année à cette école jadis si réputée. Louis Guilland écrivit alors, à l'âge de 23 ans, une étude en italien, adressée à son ancien professeur de Turin.

1. *Lettera sulle cliniche di Montpellier nel primo semestre dell anno 1843 diretta all illmo sign. presidente della Società medico-chirurgica di Torino.* (Torino, Mussano, 1843, in-8o, de 32 p.)

Il vint se fixer à Aix-les-Bains comme médecin hydrothermal. En même temps, il passait ses hivers à Chambéry, tout à ses pauvres et à ses amis. Il publia :

2. *Hospice d'Aix, en Savoie, son histoire médicale pendant la saison de 1845*. (Lyon, Marle aîné, 1846.)

3. *Compte-rendu de la Société médicale de Chambéry*. (Puthod, 1851.)

4. *Notice biographique sur le médecin Daquin*. (Puthod, 1852). C'était son discours de réception à l'Académie royale de Savoie.

5. *Les Bains d'Aix en Savoie. — Projet d'une Société nationale d'Aix-les-Bains*. (Puthod, 1856.)

6. *Rapport de la commission nommée par la Société médicale de Chambéry pour résumer l'histoire du choléra en Savoie, en 1854*. (Puthod, 1858.)

7. *Compte-rendu des eaux d'Aix en Savoie, pendant l'année 1858*. (Bachet, 1859.)

8. *La nouvelle Organisation des eaux minérales de France, comparée avec celle d'Aix en Savoie*. (Neuchâtel, Maroff, 1860.)

Le docteur Guilland fut toute sa vie un adversaire convaincu du système de l'inspectorat médical des eaux thermales. Il n'a pas eu la satisfaction de le voir enfin supprimé à Aix, en 1889, cinq ans après sa mort. Il y voulait substituer une *commission médicale*, présidée tour à tour par chacun des médecins de la localité.

9. *Compte-rendu de la Société médicale de Chambéry pour l'année 1859*.

10. *Rapport de la commission médicale d'Aix en Savoie à M. l'inspecteur général des services sanitaires*. (Bottero, 1860.)

11. *Rapport de la commission médicale des bains d'Aix en Savoie à M. l'inspecteur des services sanitaires*. (Bottero, 1861.)

12. *A propos de la note présentée au Conseil d'État par quelques médecins inspecteurs.* (Pouchet, 1863.)

13. *Association générale des médecins.* (Assemblée générale de 1863.)

Outre la Société médicale de Chambéry, dont il était resté le secrétaire et le collaborateur le plus actif depuis son retour en Savoie, le docteur Guilland venait d'organiser une association philantropique de secours mutuel entre les médecins de la Savoie, dont il fut secrétaire dévoué jusqu'à sa mort.

14. *Sur la section médicale du trentième Congrès scientifique de France, tenu à Chambéry du 10 au 20 août 1863.* (Montpellier, Bœhm et fils, 1863.)

15. *Société médicale de Chambéry, de la médication par les ferrugineux et plus particulièrement par les eaux de la Bauche.* (Pouchet, 1865.)

16. *Association des médecins de la Savoie ;* assemblée générale tenue à Aix-les-Bains. (Pouchet et Cie, 1866.)

17. *De l'efficacité des eaux minérales contre la syphilis.* (Lyon, Vingtrinier, 1872.)

18. *L'Inspectorat des eaux minérales et l'Association générale des médecins de France.* (Lyon, Vingtrinier, 1872.)

19. *Société médicale de Chambéry. Compte-rendu des ambulances fixes de Savoie durant la campagne de 1870-1871.* (Puthod, 1873.)

20. *Société médicale de Chambéry. L'eau minérale de Challes.* (Chambéry, d'Albanne, 1874.)

Le chrétien :

Louis Guilland appartenait au groupe des catholiques libéraux, à cette élite que les Montalembert, les de Falloux, les Dupanloup avaient séduite et enchaînée par la magie de leur talent.

En 1849, lorsque l'abbé Pillet, grâce à la parole entraînante de Mgr Dupanloup, réussit à implanter en Savoie les conférences de Saint-Vincent de Paul, nous nous étonnions de lui voir choisir pour président de la Société naissante le jeune docteur Guilland. Son instinct ou plutôt sa profonde connaissance des hommes ne l'avait pas trompé. En effet, pendant trente-cinq ans, nous avons connu à l'œuvre le président. Son zèle ne faiblit pas un instant ; au contraire, il semblait rajeunir avec les années.

Nous l'admirions dans les réunions, dans ses simples, mais toujours élégantes improvisations ; nous nous prenions à regretter qu'il n'eût pas choisi la carrière de la chaire ou du barreau : il y aurait certainement brillé d'un vif éclat.

Parmi ses œuvres imprimées de cette catégorie, nous citerons :

21. *Restauration de la chapelle de saint Anthelme à Chignin*. (Pouchet, 1862.)

22. *Assemblée générale des conférences de Savoie de la Société de Saint-Vincent de Paul,* tenue à Chambéry le 24 juillet 1853. (Puthod, 1853.)

23. *Conférences de Savoie. Compte-rendu du conseil de Chambéry, 1854-1856*. (Bottero, 1857.)

24. *Conférences de Chambéry*. Assemblée générale du 9 mars 1862. (Puthod, 1862.)

Il faudrait citer surtout des milliers de lettres qu'il écrivait chaque année pour réchauffer l'ardeur de ses coopérateurs, pour répondre à leurs demandes et leur prodiguer des conseils. Lorsque la surdité vint affliger ses dernières années, il multiplia de plus en plus ses correspondances. Écrites en hiéroglyphes presque indéchiffrables, ses lettres étaient animées d'un sentiment si vrai, si délicat, qu'on regrette de ne pas les voir imprimées.

Le lettré :

Depuis son discours de réception sur le médecin Daquin, il a publié :

25. *Une Notice biographique sur Jean-Claude Neyret.* (Grenoble, Allier, 1864.)

26. *Notice nécrologique sur le docteur Eugène-Nicolas Revel.* (Pouchet et Cie, 1866.)

27. *Les Médecins.* Notes recueillies par le feu docteur Louis Guilland. Œuvre posthume de 258 pages, qui comprenait la biographie abrégée de tous les médecins de la Savoie ; elle a paru, en 1888, dans les *Mémoires et documents* de la Société savois. d'histoire et d'archéol., t. XXVII.

28. Dans les Mémoires de l'Académie de Savoie, 2e série, vol. II, 1861, le docteur Guilland, alors vice-président, a publié une série de *Notices nécrologiques* sur les membres décédés.

29. Il eut souvent aussi à présenter des rapports sur les concours de poésie, et le faisait avec un tact, une délicatesse qui donnaient un charme particulier à nos tournois littéraires.

Il excellait à répondre en termes gracieux aux discours de réception des nouveaux membres, ainsi on peut considérer comme des modèles du genre :

30. *Sa Réponse au discours de MM. Boileux et d'Oncieu.* (Mémoires de l'Académie, 2e série, vol. VIII, p. 59.)

31. *Réponse à M. Eugène Burnier.* (Puthod, 1865.)

32. *Réponse à M. le marquis Costa de Beauregard.* (Pouchet et Cie, 1866.)

Il avait entrepris un vaste travail bibliographique.

33. *Bibliographie d'Aix en Savoie.* (Bottero, 1880.)

34. *Addenda et corrigenda à la bibliographie.* (Bottero, 1882.)

Il est mort le 22 octobre 1884.

REVEL Eugène-Nicolas

Pour rendre compte de la vie du docteur Revel, je ne saurais mieux faire que de copier l'excellente Notice lue par le docteur Guilland à notre séance du 1er mai 1866 :

« Messieurs,

« Quand votre Compagnie demande l'éloge de l'un des siens, elle n'entend pas satisfaire à cette haute convenance qui a revêtu force de loi dans les Sociétés savantes ; elle ne cède pas non plus exclusivement au besoin de se faire comme une douce illusion, en replaçant pour quelques instants au milieu d'elle celui qu'elle regrette ; ce qu'elle veut encore, c'est que les idées et les faits auxquels fut mêlé celui qu'elle a perdu, repassent devant ses yeux dépouillés des teintes fugitives que l'actualité a pu projeter à leur surface, et plus semblables à l'opinion qu'en gardera cette première postérité qu'on a appelée *la postérité du lendemain*. En vous parlant du docteur Revel, je m'attacherai surtout à ce côté de ma tâche, et je m'efforcerai de joindre l'indépendance du jugement du confrère au pieux respect de l'ancien élève.

« Le docteur Eugène-Nicolas Revel était enfant de ce Faucigny qui a fourni à la liste de vos correspondants les deux Ducroz, MM. Grobel, Ducrey, Depoisier, Puget, Bastian, Pinget, Nicolet, Rey, Bouvard, Dufresne, Dumont, Bonnefoy, les deux Hugard et d'autres encore. Ces noms rappellent des aptitudes fort diverses ; mais ils ont une caractéristique commune, c'est la persistance des résolutions, la fixité des directions. Les hommes de cette vallée ne courent ni ne s'arrêtent. Ils ne se précipitent pas vers le but, mais ne le perdant jamais de vue, jamais ils ne manquent d'y arriver. Ce qu'ils ont décidé de faire, ils ne le réaliseront peut-être pas aujourd'hui, ni demain, ni après-demain, mais tôt ou tard ils le feront. Le Faucigneran rappelle la tenacité savoyarde dans son expression la plus accentuée, et au service de cette volonté inébranlable, il met ordinairement une santé robuste, prête à exécuter tous les ordres de *l'autre*, des talents variés, et surtout un infatigable amour du travail. Tel vous avez connu le docteur Revel, tel il s'est montré durant toute sa vie et dans les diverses manifestations de son activité.

« Lorsqu'il vint à Chambéry, en 1826, il était docteur de Paris depuis 1815, et avait déjà pratiqué son art durant dix ans à Cluses, au milieu de concitoyens dont la confiance l'avait placé immédiatement à la tête de la commune. Dès 1830, nous le voyons obtenir la chaire de physiologie à notre école préparatoire, et il l'a conservée jusqu'à ce que l'annexion enlève à Chambéry cette institution, et joigne le ruban de la Légion d'honneur à la croix des Saints Maurice et Lazare que lui avaient value, en 1845, ses services dans l'enseignement. Il soutint en 1852 les droits de la Savoie au développement de ses institutions enseignantes, et signa, comme président de la Société médicale, la note rédigée, au nom de celle-ci, par le docteur Carret, son secrétaire, exposé concis et vigoureux, dans lequel nous retrouvons les idées actuelles sur les avantages de la liberté d'enseignement et sur la convenance d'un jury examinateur distinct du personnel professoral.

« Devenu protomédecin et médecin du roi et de la famille royale en Savoie, à la retraite du docteur Guilland, père, il a laissé, dans son passage à la surveillance de la santé publique, plusieurs épidémiographies manuscrites empreintes de cette réserve prudente, nullement exclusive de la précision et de cet esprit pratique qui ne l'abandonnaient en rien. Il n'y en a pas moins de vingt-huit relatives à des épidémies typhoïdes. Ses rapports sur le choléra de Sonnaz (1854), et sur celui d'Yenne (1855), ont été utilisés dans notre histoire du choléra en Savoie. »

« Observateur sagace, il avait demandé et obtenu que l'administration respectât le double rideau de peupliers qui, bordant la route d'Italie au sortir de Saint-Jeoire, protégeait la commune de Chignin contre les miasmes des marais. L'invasion des fièvres paludéennes au lendemain de leur abattis lui a donné amplement raison, et votre secrétaire perpétuel a eu l'occasion de vous le rappeler dans son Mémoire sur le *Marais du Chêne*. Il eut d'autres titres encore à la reconnaissance de Chignin, qui lui doit une vicinalité excellente et l'aisance de ses cultivateurs. A lui, comme au docteur Gouvert, l'agriculture a été redevable de bons exemples et d'utiles leçons.

« Le gouvernement de 1860 respecta les droits acquis de l'ancien protomédecin ; il l'appela au conseil d'hygiène, et ses collègues, lui donnant tout ce qui dépendait de leur scrutin, l'y portèrent à la vice-présidence.

« L'un des quinze membres fondateurs de la *Société médicale de Chambéry*, premier fruit de la liberté d'association dans les États Sardes, il en devint le vice-président par la première élection, et, deux ans après, succéda pour la présidence au docteur Rey. La Société était encore en travail d'organisation, lorsque, le 3 juillet 1848, le docteur Revel y lisait une note sur une épidémie de scarlatine régnant à Corbel. Dès lors, président ou présidé, sans lui donner des communications écrites fréquentes, il n'a été étranger à aucune des questions agitées dans son sein. D'une assiduité rare aux séances, nous retrouvons son intervention dans toutes nos discussions, tantôt pour les éclairer par quelque souvenir de sa pratique personnelle agréablement évoquée, tantôt pour les diriger sans en entraver la liberté, mais, comme l'a dit le docteur Massola, « avec un calme et une « dignité qui prévenaient à temps la transformation si « prompte parfois du débat scientifique en dispute ora-« geuse. » Et si la Société avait à se manifester par quelque acte extérieur, il savait, selon l'occurence, en assurer le succès, ou tout au moins sauvegarder la dignité du corps.

« Il fut son délégué au *musée départemental*. Il la présidait lorsqu'elle fit admettre à l'*exposition universelle* de 1855 la collection si remarquée des eaux minérales de la Savoie, due surtout aux soins de M. Calloud. Il la présidait de nouveau lorsqu'elle donna le baptême scientifique à la découverte de la source de *la Bauche*. Il la présidait encore lorsqu'en 1862, à propos de l'organisation des médecins du département en association mutuelle, il lui maintint énergiquement l'honneur et l'avantage de l'initiative, et qu'il obtint, par son insistance patiente, polie, mais inébranlable, par son attitude inexpugnablement légale, que cette association sortît librement de la spontanéïté locale. Aussi l'Association départementale reconnut-elle la grandeur du service rendu en le portant en deuxième ligne sur la première rose de proposition à l'empereur pour la présidence. Mollard Charles, doyen d'âge, était présenté en première ligne et le pouvoir s'honorait en respectant scrupuleusement cet ordre de présentation. Deux ans s'étaient à peine écoulés et l'Association, hélas ! avait à faire une nouvelle présentation. Elle se souvenait encore et désignait Revel à la nomination impériale par son vote compacte du 26 juin dernier.

« Il me reste à vous signaler deux brochures, les seuls travaux imprimés du docteur Revel, à ma connaissance du moins. L'une, à propos d'une grave question de médecine légale, tend à établir, contrairement à l'opinion la plus générale, que la luxation de la première vertèbre cervicale sur la seconde n'est pas toujours et nécessairement le résultat d'une suspension. Dans le procès P. B., deux experts, adoptant la thèse plus suivie, avaient conclu à un assassinat par pendaison. Un troisième expert avait admis la possibilité de la luxation par une chute. Consulté en quatrième lieu, le docteur Revel se déclara pour cette dernière explication, et, entraînant la conviction des juges par la lucidité et la vigueur de sa démonstration, il écarta la prévention. Son Mémoire fut accueilli avec empressement par l'Académie médico-chirurgicale de Turin, dont il était membre correspondant, et inséré dans son journal.

« La deuxième publication est l'explication de l'*anesthésie éthérée par la non-artérialisation du sang*, amenant elle-même l'insensibilité des centres nerveux privés de leur stimulant indispensable. Elle vous fut soumise dans votre séance du 24 mars 1847, donna lieu à un savant rapport du docteur Domenget, et se lit au tome XIII de vos *Mémoires*. A cette époque, deux théories se partageaient les physiologistes : celle de l'asphyxie adoptée par M. Revel, et celle qui invoquait l'action spécifique de l'éther sur les centres nerveux ; dès lors, divers autres moyens d'arriver à l'anesthésie, de la généraliser ou de la localiser (le froid, la catalepsie, l'hypnotisme, dont M. Carret vous a entretenus un jour), l'étude des nerfs vasomoteurs et des actions réflexes ont agrandi le champ de la discussion.

« En définitive, si les derniers travaux n'ont pas permis de constater la loi commune de l'anesthésie, ils n'ont pas non plus infirmé irrévocablement l'opinion à laquelle se rangeait, en 1847, le docteur Revel.

« Son Mémoire lui valut l'*agrégation* à votre Académie le 14 juillet 1850. Il était votre *correspondant* depuis le 13 août 1840, et devint *effectif* le 14 mars 1851. Son discours d'entrée, prononcé le 30 mai 1851, roulait sur les rapports de la médecine avec les autres sciences.

« Vos archives conservent de lui un Mémoire adressé en 1824 sur le typhus des Ouches. Trois autres manuscrits sont des rapports sobres et judicieux sur le *Traité des dégénérescences*, du docteur Morel (1858) ; sur le *Dosage de l'iode et du brôme contenus dans les eaux d'Aix*, par M. Bonjean (1859) ; sur le *Traité de la chorée*, par M. Quantin.

« Il entra dans votre bureau en qualité de *trésorier* en avril 1854. Vous savez quelle mesure, quelle habileté il sut déployer dans cette charge qu'il conserva douze années. Ses rendements de comptes et ses présentations de budgets étaient de petits chefs-d'œuvre en leur genre. Il avait le bon esprit d'en comprendre l'importance et y mettait un louable amour-propre. Aussi les mêmes fonctions lui furent-elles dévolues au *trentième Congrès scientifique* et au *Musée départemental*.

« J'ai parlé longtemps, Messieurs, et je n'ai rien dit du praticien. Mais sa clientèle nombreuse et choisie en sait et en dit plus que moi. Quoiqu'il eût débuté au milieu de nos populations rurales, ses aptitudes le désignaient plutôt à la pratique citadine, et celle-ci lui a été d'une rare fidélité. De son côté, il était toujours à sa disposition. Il ne s'accorda quelques loisirs que tard, lorsque son âge avancé et la présence de son fils vinrent l'y autoriser. Il n'arrivait jamais avant l'heure auprès du lit du malade ; mais une fois arrivé, il lui appartenait entièrement et aussi longtemps que cela pouvait convenir. Il observait et interrogeait minutieusement. Dans ses prescriptions, il ne négligeait aucune des petites recommandations qui leur assuraient un utile prestige et amenaient parfois le succès. Exempt de préoccupations systématiques et tout en poursuivant un diagnostic précis, sa médication réservée et prudente était volontiers celle des indications et des symptômes.

« Affable envers tous, avec un empire parfait sur lui-même, sa gravité ne devenait jamais sombre ; son sourire ne cessait jamais d'être grave.

« Non moins doux et patient envers les pauvres qu'envers les riches, plein de déférence envers ses confrères, surtout envers ceux qui étaient moins âgés, moins expérimentés ou plus modestement placés que lui, d'une égalité d'humeur inaltérable, ne donnant ainsi aucune prise à l'emportement des autres, lors même qu'il en aurait pu provoquer le sentiment, ne se départant jamais de ses manières courtoises envers ceux qu'il combattait ; toujours dans la légalité et dans les convenances, M. Revel possédait à un haut degré ce que nous appellerions dans cette enceinte les *mœurs académiques*, ce que l'académicien François de Sales a appelé d'une expression plus chrétienne et par là plus exactement applicable à celui que nous regrettons « la fleur de la charité. »

Il est mort en décembre 1865, âgé de 78 ans.

PILLET Louis.

On ne trouvera pas mauvais que j'évite les dangers d'une autobiographie, et que je me borne, comme pour quelques-uns des précédents confrères, à une simple et sèche énumération des travaux publiés.

Né à Chambéry le 9 mai 1819.

Membre effectif de l'Académie de Savoie le 7 juillet 1854.

Jurisprudence.

1. *Jurisprudence décennale ou collection d'arrêts rendus par le Sénat de Savoie, de 1838 à 1848*, par MM. Louis Pillet et Alexandre Révil. (Chambéry, Puthod, 1847, 1 vol., in-4°, 650 p.)

2. *Jurisprudence savoisienne, collection périodique faisant suite à la Jurisprudence décennale, 1848 à 1857*, par les mêmes. (Puthod, 8 vol. in-4°, avec 1 vol. de tables.)

3. 1858-1859. *Jurisprudence savoisienne* (suite). L. Pillet seul. (2 vol. in-4°, Puthod.)

4. 1861-1876. *Journal des Cours impériales de Grenoble et de Chambéry*, par MM. Eyssautier, juge au tribunal de Grenoble ; Périer, doyen de la Faculté de droit, Pillet, avocat à Chambéry. (16 vol. in-8°, Grenoble.)

5. *Études sur l'administration de la justice civile et commerciale en Savoie, de 1838 à 1847*. (Puthod, 1851, in-8°; Mémoires de l'Académie de Savoie, 2e série, vol. I.)

Géologie.

6. *Bemerkungen ueber die natuerlichen verhæltnisse der thermen von Aix in Savoyen, von alb. Mousson.* (Bulletin

mensuel de la Société d'histoire naturelle de Savoie, 20 mai 1850.)

7. *Ossements fossiles trouvés dans la vallée de Chambéry*. (*Ibid.*, janvier, février, mars 1851, Bachet, in-8°, 9 p.)

8. *Essai sur l'érosion pluviale étudié dans le bassin d'Aix en Savoie*. (Mémoire de l'Académie de Savoie, 2e série, t. II, 1854, in-8°, 22 p.)

9. *Mémoire géologique sur la commune de Chanaz*, par MM. Pillet et Girod, avec une carte. (*Ibid.*, 1854, in-8°, 28 p.)

10. *Description géologique des environs d'Aix en Savoie*. (*Ibid.*, t. III, Puthod, in-8°, avec 5 cartes et coupes et 12 pl. lithographiées, 119 p.)

11. *Description géologique des environs d'Aix en Savoie*, 2e édition. (Sans cartes, ni planches, 1863, Puthod, in-8°.)

12. *Études géologiques sur les Alpes de Maurienne*. (*Ibid.*, vol. IV, 2e série, in-8°, 46 p. et 2 cartes.)

13. *Ossements fossiles trouvés en Savoie, de 1850 à 1862*. (*Ibid.*, vol. V, in-8°, 10 p.)

14. *Cartes géologiques*. (*Ibid.*, t. VIII, 1866, in-8°, avec 3 cartes coloriées, 18 p.)

15. *Description géologique des environs de la Chambéry*. (*Ibid.*, t. VIII, in-8°, 76 p.)

16. *Nouvelle carte de l'état-major en Savoie* (*Ibid.*, t. IX, in-8°, 14 p.)

16 *bis*. *Carte géologique du département de Savoie*, par MM. Lory, Pillet et Vallet. (Lith. Perrin, Chambéry, 1879.)

17. *Recherches sur le jurassique de Lémenc*. (Mémoires de l'Académie de Savoie, 2e série, t. XII, p. XXVII et suiv.)

18. *Appel pour la conservation des blocs erratiques*. (*Ibid.*, t. XII, p. XXXIV et suiv.)

19. *Recherches sur l'âge des fossiles de la Table.* (*Ibid.*, t. XII, p. LII.)

20. *L'Étage tithonique à Lémenc en Savoie.* (Archives des sciences de la bibliothèque universelle de Genève, octobre 1871.)

21. *Description géologique et paléontologique de la colline de Lémenc sur Chambéry*, par MM. Pillet et de Fromentel. (Mémoires de l'Académie de Savoie, 3e série, vol. IV, Puthod, in-8°, 127 p. avec atlas.)

22. *Nouvelle espèce de carcharodon fossile.* (*Ibid.*, vol. IX, 3e série, 1883, in-8°, 7 p., 1 pl. lithogr.)

23. *Étude sur les terrains quaternaires de l'arrondissement de Chambéry.* (*Ibid.*, 1883, in-8°, 53 p. et 6 pl. coloriées.)

24. *Les Cailloux exotiques du bassin d'Aix.* (Extrait du Bulletin du congrès des Sociétés savantes à Chambéry en 1880.)

25. *Rapport sur les travaux de la Société d'histoire naturelle de Savoie, 7 février 1872.* (Extrait du *Courrier des Alpes*, Chambéry, Puthod, petit in-12, 11 p.)

26. *Rapport sur les travaux de la Société d'histoire naturelle de Savoie pendant l'année 1876.* (Chambéry, Chatelain, 1877, in-12, 19 p.)

27. *Rapport sur les travaux de la Société d'histoire naturelle de Savoie pendant l'année 1877.* (Chatelain, 1877, in-12, 15 p.)

28. *Rapport sur les travaux de la Société d'histoire naturelle de Savoie pendant l'année 1879.* (Chatelain, 1879, in-12, 16 p.)

29. *Rapport sur les travaux de la Société d'histoire naturelle de Savoie pendant l'année 1882.* (Périssin, 1882, in-8°, 14 p.)

30. *Le fort de Montmélian est-il construit sur un roc, etc? — Fossiles principaux des terrains.— Congrès géologique international. — Les schistes noirs du Piffet. — Le ptérocérien du Mont-du-Chat.* (Bulletin de 1883, Annecy, Abry, 1884, in-8°, 26 p.)

31. *Congrès géologique international et congrès helvétique à Zurich en 1883. — Les congrès scientifiques en 1885. — Anciens glaciers.* (Bulletin de 1884, Annecy, Abry, 1884, in-8°, 26 p.)

32. *Récoltes de 1885. — Découverte de l'amm. murchisonæ et du bajocien au Mont-du-Chat.* (Bulletin de 1886, Annecy, Abry, in-8°, 14 p.)

33. *Urgonien supérieur d'Aix-les-Bains.* (Mémoires de l'Académie de Savoie, 3e série, t. X, Chatelain, in-8°, 7 p., 1 pl.)

34. *Nouvelle Description géologique et paléontologique de la colline de Lémenc, à Chambéry.* (*Ibid.*, t. XII, in-8°, 68 p., Chatelain.)

35. *Étude sur les niveaux bathymétriques du néocomien et du jurassique supérieur.* (Bulletin de la Société d'histoire naturelle de Savoie, Chambéry, Chatelain, 1887, in-8°, 13 p. et un tableau.)

36. *Les Natica Pilleti.* (*Ibid.*, in-folio, 4 p.)

37. *Récoltes de 1886-87 et 88.* (*Ibid.*, Chatelain, 1888, in-8°, 16 p.)

38. *Le Portlandien de Montagnole.* (*Ibid.*, 1889, in-8°, 24 p.)

Sujets divers.

39. *Patronage des jeunes détenus et des jeunes libérés en Savoie.* (Mémoires de l'Académie de Savoie, 2e série, vol.

III, in-8°, 60 p.; Chambéry, Puthod, 1859. Reproduit dans les *Annales de la Charité*, Paris, 1860.)

40. *Inscription chrétienne du VI*e *siècle, trouvée à Grésy-sur-Aix.* (*Ibid.*, vol. IV, Chambéry, Puthod, 1861, in-8°, 14 p. et 1 pl.)

41. *Utopie pour la réforme de la procédure civile.* (*Ibid.*, vol. V, Puthod, 1862, in-8°, 26 p.)

42. *Compte-rendu des travaux de l'Académie impériale de Savoie, 1860-1861.* (*Ibid.*, in-8°, 166 p.)

43. *Documents et conservation des monuments historiques.* (*Ibid.*, in-8°, 36 p.)

44. *Un dernier mot sur le baptistère de Lémenc.* (*Ibid.*, t. IX, Puthod, 1868, in-8°, 7 p., 62 pl.)

45. *Un Factum des Espagnols en Savoie.* (Mémoires et documents publiés par la Société savante d'histoire et d'archéologie, vol. X.)

46. *La Chapelle du lycée de Chambéry.* (Mémoires de l'Académie, 3e série, t. IX, 1883, in-8°, 10 p.)

47. *Réponse au discours de réception de M. Morand.* (*Ibid.*, t. IX, 1883, in-8°, 8 p.)

48. *Réponse au discours de réception de M. Ch. Buet.* (*Ibid.*, t. X, 1884, in-8°, 8 p.)

49. *Petite Chronique anonyme d'un habitant d'Annecy, de 1598 à 1628.* (*Ibid.*, t. X, Chatelain, 1884, in-8°, 21 p.)

50. *Réponse au discours de réception de M. Fernex de Mongex.* (*Ibid.*, t. XI, Chatelain, 1886, in-8°, 15 p.)

51. *Notes pour la guerre de Savoie, 1690 à 1697.* (*Ibid.*, t. XII, Chatelain, 1887, in-8°, 68 p.)

52. *Documents inédits sur Jean-Pierre Veyrat.* (*Ibid.*, 4e série, t. II, Imprimerie Savoisienne, in-8°, 39 p.)

53. *Rapport sur les travaux de l'Académie de Savoie au*

congrès des Sociétés savantes à Annecy. (Annecy, Périssin, compte-rendu de la deuxième session, etc., in-8°, 7 p.)

54. *Petit Voyage philologique en Tarentaise et en Maurienne. — Compte-rendu de la IVe session tenue à Moûtiers, 1881.* (Moûtiers, Cane, 1862, in-8°, 8 p.)

55. *Patois de la commune de Vionnaz (Bas-Valais). — Compte-rendu de la Ve session à Aix-les-Bains, 1882.* (Aix-les-Bains, Gérente, 1883, in-8°, 6 p.)

56. *Note sur les publicains romains établis à Albertville. — Compte-rendu de la VIe session à Albertville.* (Hodoyer, 1883, in-8°, 9 p.)

57. *Compte-rendu sommaire des travaux de l'Académie de Savoie, 1884-1885. — Compte-rendu de la VIe session à Montmélian.* (Chambéry, Ménard, 1886, in-8°, 8 p.)

58. *Les Tulipes de la Savoie.* (Bulletin de la Société d'histoire naturelle de Savoie, Annecy, Abry, 1886, in-8°, 14 p.)

59. *Un Procès au XVIIIe siècle.* Revue savoisienne, 1889. (Annecy, Abry, in-8°, p. 116, 139, 190.)

60. *Quelques Procès au XVIIIe siècle.* (*Ibid.,* 1890, p. 169, 241.)

61. *Vie de Mlle Laurence Guittaud, fondatrice du Bon-Pasteur de Chambéry,* sans nom d'auteur. (Chambéry, Imprimerie Savoisienne, 1891, 1 vol. in-8°.)

62. *L'Installation des collections de géologie et de minéralogie au musée de Chambéry.* (*Ibid.,* 1890.)

63. *Calcaire de Saint-Ouen à Gerbaix, près de Novalaise (Savoie).* (*Ibid.,* 1890.)

64. *Fossiles du valangien moyen de la Chambotte (calcaire roux).* (*Ibid.,* 1890).

L'Abbé VALLET

Pierre Vallet, né le 30 mars 1821, à Oncin, d'une famille de riches cultivateurs, s'est destiné de bonne heure à la carrière ecclésiastique. Après avoir pris les ordres sacrés au Grand-Séminaire de Chambéry, il est allé compléter ses études à Turin, où il a été reçu docteur de la Faculté de théologie.

Préparé par de fortes études, il fut nommé d'emblée professeur de rhétorique au Petit-Séminaire du Pont-de-Beauvoisin, puis appelé au Grand-Séminaire de Chambéry, pour remplacer comme professeur de physique et de mathématiques M. le chanoine Chamousset, le 1er octobre 1847.

Comme M. Chamousset, il joignit l'étude de la géologie, les courses à travers nos grandes montagnes, à ses études sédentaires du Grand-Séminaire. Excellent marcheur, bon observateur, il eut occasion de faire de précieuses découvertes.

Reçu membre effectif de l'Académie de Savoie le 10 août 1854, il avait publié dans ses Mémoires une *Note sur les coquilles perforantes du bassin de Chambéry* (vol. II, 2e série, p. 323.)

Dans le même volume se trouvent des *Observations sur la craie blanche des environs de Chambéry*. Nous l'avions observée d'abord à Entremont, à Saint-Thibaud de Couz, au Calvaire de Thônes... M. Vallet la retrouva bien caractérisée à l'Alpette, sur la croupe du Mont-Grenier, puis à Aillon-le-Jeune et enfin jusqu'aux portes du Châtelard en Bauges. (Même vol., p. 385 et suiv.)

En 1861, il découvre à Matringe, en Faucigny, un calcaire infraliasique pétri de petits gastéropodes, dont plusieurs sont nouveaux. Il les a communiqués à M. l'abbé Stoppani, professeur à l'Université de Milan, qui en a décrit plusieurs espèces qu'il a dédiées à M. Vallet. Continuant ses recherches, M. l'abbé Vallet retrouva la même couche sur le perron des Encombres, entre Saint-Julien et Saint-Michel, et en Tarentaise, à Saint-Jean de Belleville, et enfin encore au-dessus de Césanne, sur la pente du Mont-Genèvre.

Ce qui caractérisait le talent de M. Vallet, c'était une lucidité parfaite dans ses aperçus, il appréciait du premier coup les relations de l'observation nouvelle avec celles qui l'avaient précédée. Les reliant entre elles, les contrôlant l'une par l'autre, il en tirait du premier coup des conclusions qui toutes survivent et survivront.

Ainsi doué, il était destiné à prendre une place à part dans l'histoire des sciences en Savoie, lorsqu'une imprudence lui coûta la vie. Il s'arrêta quelques instants assis en plein air, lorsqu'il était baigné de sueur. Une pleurésie l'enleva en trois jours, le 1er avril 1874, à l'âge de 53 ans.

BAILLY Jean-Baptiste

M. Bailly appartient à une ancienne famille bourgeoise de Chambéry. Gaspard Bailly, avocat au Sénat de Savoie, auteur de plusieurs travaux estimés de la fin du XVIIe siècle, était un de ses ancêtres.

Pour lui, simple clerc d'avoué, il se signala tout d'abord comme chasseur, passionné pour l'ornithologie.

Quand la Société d'histoire naturelle s'organisa à Chambéry en 1844, il était naturellement désigné pour devenir conservateur du musée ornithologique. Ce musée avait été créé, on peut le dire, entièrement aux frais du marquis Léon Costa de Beauregard. Non content d'avoir fait ouvrir les larges baies dans les murs, d'avoir fourni de splendides armoires pour contenir les collections, ce généreux donateur fit venir un artiste italien, lui procura tous les sujets à empailler et se chargea de toutes les dépenses de la collection.

M. Bailly, conservateur, a décrit quelques espèces rares ou nouvelles trouvées en Savoie : *Aquila Colsoni* (Fermaire), *Certhia Costæ* (Grimpereau Costa, Bailly, 1852). Mésange lugubre, *parus lugubris* (Linnée). Mais ce qui lui a acquis sa haute position dans les sciences naturelles, c'est son *Ornithologie de la Savoie, histoire des oiseaux qui vivent en Savoie à l'état sauvage, soit constamment, soit passagèrement.* (Chambéry, Clarey, libraire-éditeur, 4 vol. gr. in-8°, 1853-1855.) Quatre livraisons de planches lithographiées représentent les oiseaux avec leurs œufs. Cet ouvrage eut un grand et légitime succès.

Dès lors tout sourit à l'auteur. Au moment de l'annexion

de la Savoie, nommé percepteur de Saint-Jean d'Arvey, il jouit d'une complète indépendance. Il est reçu membre effectif de l'Académie de Savoie le 13 mars 1856. Mais ce qui lui fit un plaisir bien plus vif encore que la fortune et que ces distinctions honorifiques, ce fut un permis de chasse exceptionnel pour l'année entière que lui accorda le roi Victor-Emmanuel, à la demande du marquis Costa de Beauregard.

M. Bailly, excellent comptable, fut trésorier de l'Académie de Savoie depuis le décès du docteur-Revel jusqu'au jour de sa mort, arrivée le 19 décembre 1879.

Il a imprimé dans les Mémoires de l'Académie de Savoie, 2e série, vol. I : *Observations sur les mœurs et les habitudes des oiseaux de la Savoie,* in-8°, 100 pages pleines de faits nouveaux étudiés par l'infatigable chasseur.

Apparition du Martin roselin (pastor roseus), merle rose en Savoie, communication faite à la séance du 29 juin 1871.

BEBERT Pierre-Antoine

Pierre-Antoine Bebert était né à Arith en Bauges, le 1er juin 1805 ; il appartenait à une famille patriarcale, environnée de l'estime universelle. Élève du collège royal, puis de l'école de médecine de Chambéry, il alla compléter ses études scientifiques à Paris, où il reçut les leçons des princes de la science qui s'appelaient Brongniard, Laugier, Orfila, Thénard, Gay-Lussac, Dumas.

Revenu dans sa ville natale, Bebert y fonda la pharmacie de la rue des Portiques. Il mena de pair, pendant près de trente ans, avec les travaux de sa profession, l'enseignement supérieur des sciences naturelles, et, tout d'abord, en 1832, professeur suppléant de chimie et de botanique, puis, en 1889, titulaire de la même chaire, et enfin, en 1850, professeur de chimie et de pharmacie ; il remplit ces fonctions avec un talent, une autorité, une sollicitude qui ont laissé parmi ses élèves des souvenirs ineffaçables.

Bebert ne se contentait pas de se tenir au courant des progrès presque quotidiens qui ont, dans la seconde moitié de ce siècle surtout, fait avancer à pas de géant la chimie et toutes les sciences naturelles, il leur a apporté son contingent personnel d'observations et de découvertes utiles, notamment en analysant les principes constitutifs de la source minérale de Challes, et en dégageant la dose d'arsenic contenue dans les eaux de la Boisse.

Il a découvert une matière colorante (jaune-citron) dans le *lichen vulpium*, et extrait par un procédé nouveau l'indigo contenu dans le *polygonum tinctorium.*

L'Académie de Savoie s'honorait en appelant dans son

sein un pareil collaborateur. Membre correspondant dès le 27 août 1842, il était nommé membre effectif le 19 juin 1856 ; il assista dès lors à presque toutes nos séances avec une exactitude exemplaire, s'effaçant comme s'il n'était qu'un auditeur admis à la faveur d'y assister, alors que nul plus que lui n'était digne d'y occuper une place conquise par le seul ascendant du mérite personnel et du culte désintéressé de la science. Il est mort en 1884. (Extrait du rapport présenté par M. Descostes, secrétaire perpétuel, le 4 février 1885).

CARRET Joseph

Né à Chambéry en décembre 1814, Joseph Carret fit ses études classiques au Petit-Séminaire de Saint-Louis du Mont et son cours de médecine à l'Université de Turin. Reçu docteur le 25 juillet 1839, il vint s'établir dans sa ville natale, et y exerça, pendant près d'un demi-siècle, sa profession avec éclat. Appelé en 1855 à la succession, comme chirurgien en chef de l'Hôtel-Dieu, du docteur Aimé Rey, dont il était le disciple préféré, il conserva ces importantes fonctions jusqu'au jour où sa vieille expérience chirurgicale et ses longs services durent être sacrifiés à d'autres intérêts.

Reçu membre effectif de l'Académie le 9 juin 1856, il était fort assidu à ses séances. L'Académie était pour lui comme un second foyer, où, jusqu'à ses derniers jours, il arrivait l'un des plus empressés, correct, rasé de frais, souriant, jeune d'allures, écoutant toutes les communications de ses confrères avec une déférence pleine de courtoisie, en faisant lui-même fréquemment et des plus importantes dans l'ordre scientifique, transportant ici en toute occasion les produits de ses études et de ses observations médicales ; avec cela homme au goût littéraire très fin, qui fut plus d'une fois le judicieux critique de nos concours de poésie (Extrait de sa nécrologie, par le docteur Guilland).

Nous ne pouvions, à l'Académie de Savoie, ne pas remarquer que le docteur Carret nous apportait toutes ses communications et même amenait ses malades à nos séances ; il ne se montrait jamais à la Société médicale de Chambéry, où il aurait trouvé des contradicteurs plus compétents et peut-être moins indulgents.

Il semble qu'il avait, pour un directeur de clinique, des tendances un peu paradoxales. Ainsi, dès le 9 janvier 1856, il nous préconisait ses appareils de *carton mouillé* pour remplacer les bandes amidonnées dans la chirurgie. — Le 23 juin 1857, il préconisait l'emploi de l'anesthésie dans les accouchements. — Le 3 et le 9 janvier 1860, il essayait l'hynoptisme dans la chirurgie.

Dans une épidémie qu'il eut à étudier à Vimines, près de Chambéry, il crut reconnaître une asphyxie causée par l'usage des poêles de fonte. Dès lors, il chercha à prouver que l'on éviterait ces effets pernicieux si l'on substituait des poêles en fer à des poêles en fonte. Sans expliquer comment la substance du métal employé pourrait être une cause d'insalubrité, il fit fabriquer des poêles en tôle, qu'on appela *poêles Carret*, et se fit presque entrepreneur d'appareils hygiéniques.

Sur la fin de sa vie, il se fit le prôneur de l'eau minérale de la Boisse, que l'ex-évêque Panisset avait déjà célébrée au siècle dernier dans son poème de *Boissia salutifera*. Son ami, M. Bebert, finit par découvrir dans les dépôts de la source quelques traces d'arsenic à peine visibles dans l'appareil de Marsh. Le docteur Carret s'épuisa en vains efforts pour la faire entrer dans la thérapeutique des hôpitaux.

Je cite ces exemples pour expliquer l'isolement scientifique dans lequel vécut notre chirurgien-major, au milieu de ses confrères, et marquer un des traits les plus saillants de sa physionomie.

CHAPPERON Timoléon

Timoléon Chapperon est né à Chambéry le 31 mars 1808. Reçu docteur en droit à l'Université de Turin le 24 mai 1831, il ne tarda pas à abandonner les études juridiques pour la littérature et l'histoire, qui avaient toutes ses préférences. Un bégaiement, une difficulté de prononciation purent contribuer à l'éloigner du barreau, à lui inspirer le goût de l'étude solitaire et des recherches d'érudition.

En 1837, il fit paraître le *Guide de l'étranger à Chambéry et dans ses environs,* le premier ouvrage de ce genre publié sur notre ville et sur sa banlieue. A la description de ce qui existait en 1837, il joint des détails fort curieux sur les origines, sur les traditions, l'histoire de chaque monument. C'est un ouvrage que l'on consultera toujours avec plaisir et profit.

Un de ses amis les plus fidèles, le docteur Guilland écrivait de lui : « Ce qui frappe au premier abord, c'est la lenteur de l'entrée de Chapperon dans les diverses sphères où devait se mouvoir son activité. A l'Académie, à la municipalité, à la Chambre, partout il arrive, mais partout avec des retards qui surprennent un instant, surprise qui s'accroît encore en voyant son succès du lendemain. » (*Réponse au discours de réception de M. Blanchard*, 3e série, t. IV, p. 490.)

Ainsi, à l'Académie de Savoie, il n'est reçu effectif qu'à l'âge de 50 ans, le 2 septembre 1858.

« Entré dans l'administration de la ville en 1848 pour y demeurer constamment et sous tous les régimes, il devint membre du conseil délégué en 1851 et fut syndic de 1852 à 1853. Mais il était digne d'occuper des fonctions plus importantes encore. Dès le 9 décembre 1849, le collège électoral de Rumilly le choisit pour député au Parlement sarde à l'unanimité des suffrages, triomphe qui n'a que bien peu d'exemples....

« Aux élections de 1853, il se porta candidat au Pont-de-Beauvoisin, dont il fut le représentant jusqu'à l'annexion.

« La presse périodique, les travaux du Parlement ne remplissaient pas toutes les heures de sa vie laborieuse. Il utilisa son séjour à Turin, en allant puiser dans les précieuses archives de cette ville de nombreux renseignements, en y copiant extraits sur extraits, relatifs aux divers sujets qu'il avait en perspective, et qui, réunis au dépouillement de la bibliothèque Costa et des archives de notre ville, formèrent ces pages et ces volumes dont l'Académie est aujourd'hui en possession. (*Discours de réception de M. Blanchard*, 3e série, t. IV, p. 455.)

Depuis qu'il siège à l'Académie de Savoie, il lui soumet presque à chaque séance des fragments du vaste travail qu'il prépare sur *Chambéry à la fin du XIVe siècle*. Commencée en 1856, cette lecture est terminée, en 1861, par un scrutin de l'Académie qui en vote l'impression dans ses Mémoires. Mais Chapperon avait changé de projet : il préféra le faire imprimer à ses frais en un bel *in-quarto*, chez Perrin, de Lyon. Cet ouvrage fut honoré d'une médaille au concours de la Sorbonne en 1864.

Il communique aussi des documents inédits sur Jacques de Montmayeur et le président de Fésigny et une série de *Notices* sur des communes et châteaux des environs de Chambéry : Candie, Saint-Michel des Déserts, Montgellaz,

Bonnet, les Charmettes, Chanaz, Challes, Saint-Vincent, la Croix, les Cueillettes, Salins, Vermont, la Biguerne, Buisson-Rond, Montgex, les Marches, Apremont, Bassens, Bressieux, Puisgros, le Donjon, Saint-Cassien, Méry... Il y a là tout un arsenal préparé pour nos futurs annalistes.

Je n'ai parlé que des publications de Chapperon et de ses communications à l'Académie de Savoie. Il est toute une partie de son œuvre qui n'intéresse pas moins notre Académie : ce sont ses manuscrits dont il l'a faite légataire, je dirai presque dépositaire.

M. Blanchard, dans le discours déjà cité, s'exprime en ces termes : « Et d'abord, Messieurs, je ne puis taire mon étonnement à leur première vue. Leur accumulation vous désespérerait dans vos velléités de travail, si ce découragement ne se changeait bien vite en admiration devant la somme de labeur continu et intelligent qu'ils vous représentent. Vous en jugerez par le dépouillement sommaire que je tiens à mettre sous vos yeux, pour faire connaître les richesses que l'Académie peut offrir aujourd'hui aux amateurs de notre histoire. » (*Ibid.*, p. 473.)

Il les divise en quatre sections :

I. — *État civil*, où se trouvent les copies des registres de naissances, de mariages et de décès qui étaient tenus dans les églises paroissiales et les couvents de Chambéry, de 1567 à 1860, sauf quelques courtes interruptions.

Le dépouillement opéré par Chapperon remplit près de quarante cahiers. Une table alphabétique termine la plupart de ces recueils et rend les recherches très faciles. Il a laissé en outre des extraits des registres paroissiaux d'autres communes : Bissy, le Bourget, Tresserve, Aix, le Montcel, Pugny, Clarafond, Méry.

II. — *Comptes et rôles*. Viennent ensuite les copies ou

résumés des comptes de la châtellenie de Chambéry, de 1270 à 1503 et ceux des syndics de 1352 à 1742, formant plus de 2,000 pages. — Les rôles des gardes, des pauvres, des pestiférés, des hôtelleries, hôpitaux, etc., de 1577 à 1765. — Les mercuriales de blés vendus à Chambéry de 1652 à 1802. — Un tableau de la valeur des monnaies d'argent depuis 1684 à 1712. — Un rôle de procès divers extraits de la Chambre des comptes, remontant à la période de 1322 à 1596, remplissant plus de 1700 pages..., etc.

III. — *Bibliographie savoisienne.* Une série de cahiers d'environ 100 pages chacun, consacrés spécialement à la bibliographie. Quatre d'entre eux portent le titre : *Auteurs civils ;* deux, *auteurs ecclésiastiques*, et un dernier celui de : *auteurs anonymes et inscriptions.* M. Blanchard a eu le mérite de reconnaître que deux de ces volumes sont les originaux mêmes de l'avocat Montréal de La Roche ; Chapperon avait le tort de ne pas aimer à faire connaître les sources où il puisait.

IV. — *Féodalité.* — Armorial contenant la description de 2,037 blasons, avec la figure coloriée d'un certain nombre ; lettres de noblesse ; série des familles nobles des anciennes provinces du duché, qui forme à elle seule un manuscrit de 400 pages ; titres des fiefs avec juridiction, des châteaux et maisons fortes avec juridiction ; titres de reconnaissances et d'investitures féodales ; revenus des juridictions ; servis ecclésiastiques et féodaux divisés par provinces et par communes, d'après les travaux du cadastre et des affranchissements qui eurent lieu au siècle dernier ; trois forts cahiers de consignements opérés de 1758 à 1776 ; dépouillement des registres des lettres-patentes déposés aux archives du Sénat de Savoie de 1561 à 1792, forman un volume de 1,000 pages ; autre sommaire de lettres-patentes de 1333 à 1386, l'un et l'autre accompagnés de tables alphabétiques, et enfin rédactions terminées ou très avancées de nombreuses monographies.

Mais j'abrège cet inventaire des richesses que l'Académie doit à cet infatigable travailleur. Je puis ajouter qu'il ne cessa, depuis l'annexion de la Savoie à la France, de réclamer du gouvernement italien la restitution des archives de la ville de Chambéry et de la Savoie ; restitution qui était promise par un article du traité de 1860. Il dut renoncer à toutes démarches après en avoir reconnu l'inutilité.

Usé avant l'âge par cet excès de travail, il est mort le 22 octobre 1867.

MOLIN Benoît

Je devrais compter au nombre des membres effectifs M. Benoît Molin, professeur à l'école de peinture de Chambéry, reçu à l'unanimité des suffrages le 2 septembre 1858, le même jour que M. Timoléon Chapperon. Son élection a été approuvée par le roi le 8 septembre 1858.

Mais, comme je l'ai fait déjà pour MM. Bonjean, Rabut et autres membres encore vivants, je me bornerai à citer quelques-unes de ses œuvres.

Une Séance solennelle de l'Académie florimontane. Tableau qui décore la salle des séances de l'Académie de Savoie.

Portrait de S. Em. le cardinal Billiet, dans la même salle.

Le Baiser de Judas. Tableau représentant Judas accueilli aux enfers où Satan lui rend le baiser donné au Christ, dans le jardin des Oliviers. Tableau distingué déjà à une exposition de peinture à Milan, puis acheté à l'exposition de Paris par le gouvernement de la République, qui l'a envoyé au musée de Chambéry, dont il est une des toiles les plus remarquées.

CHAPITRE V

ACADÉMIE ROYALE DE SAVOIE

(De 1848 à 1860.)

Nous arrêtons au 14 juin 1860, à l'annexion de la Savoie à la France, ce premier fragment d'histoire de notre Académie. Les périodes plus récentes de l'Empire et de la République deviennent plus difficiles à juger impartialement ; la plupart des membres sont encore vivants, et les œuvres inachevées. Dans quelques années, d'autres seront mieux placés que nous pour reprendre ce travail.

Voyons quelle est le personnel de l'Académie au moment où nous nous arrêtons :

Président, le marquis Léon Costa de Beauregard.

Vice-Président, le docteur Louis Guilland.

Secrétaire perpétuel, le chanoine Chamousset.

Secrétaire-adjoint, Louis Pillet, avocat.

Trésorier, le docteur Eugène-Nicolas Revel.

Membres résidants.

Mgr Alexis Billiet, archevêque, président honoraire perpétuel de l'Académie.

MM. Le chanoine Dépommier, vicaire général, supérieur du Grand-Séminaire.

Le chevalier Auguste de Juge.

MM. Joseph Bonjean, chimiste.
Le docteur Louis Domenget.
Le professeur François Rabut.
L'abbé Pierre Vallet, professeur de physique.
Jean-Baptiste Bailly, ornithologiste.
Pierre-Antoine Bebert, chimiste.
Le docteur Joseph Carret, chirurgien en chef de l'Hôtel-Dieu.
L'avocat Timoléon Chapperon.
Benoît Molin, professeur de peinture.

Seulement dix-sept membres effectifs résidants au lieu de dix-neuf en 1848.

Membres non résidants.

Mgr Charvaz André, archevêque de Gênes.
Mgr Vibert François-Marie, évêque de Maurienne.
MM. le baron Jacquemoud Joseph.
Le chanoine Martinet, à Villette en Tarentaise.
Le docteur Trésal, au Bourg-Saint-Maurice.
Saluces, pharmacien-chimiste au Pont-de-Beauvoisin.
Le chevalier Ménabréa Louis-Frédéric, général du génie à Turin.
Mgr Magnin, évêque d'Annecy.
Mgr Dupanloup, évêque d'Orléans.

Les non résidants ne sont plus que neuf au lieu de douze en 1848.

Membres agrégés.

MM. Agassitz, géologue à New-York.
Baux Jules, archiviste départemental à Bourg (Ain).
Bonnefoy, notaire à Sallanches (Haute-Savoie).

MM. Élie de Beaumont, secrétaire perpétuel de l'Académie des sciences à Paris.

Bonjean Louis, docteur-médecin à Rio-Janeiro (Brésil).

Caffe Paul, docteur-médecin à Paris.

Calloud Charles, chimiste à Chambéry.

Cibrario Louis, membre de l'Académie des sciences à Turin.

Costerg, docteur-médecin à Paris.

De La Rive, professeur de physique à Genève.

Descôtes Éloi, chanoine à Chambéry.

Ducis, abbé, professeur à Annecy.

Fournet, professeur de minéralogie à Lyon.

Gal, chanoine à Aoste.

Genin Félix, entomologiste.

Greyfié (le comte Amédée), conseiller à la Cour d'appel.

Marin (le comte Léonide), à la Motte-Servolex.

Moris (le chevalier), sénateur du royaume d'Italie, à Turin.

Ponsero, docteur-médecin à Suse (Piémont).

Raymond Jacques, professeur émérite à Chambéry.

Replat Jacques, avocat à Annecy.

Sclopis Frédéric, sénateur du royaume d'Italie, à Turin.

Sismonda Ange, professeur à l'Université, Turin.

Trompeo, docteur-médecin à Turin.

Wrolik, secrétaire perpétuel de 1re classe de l'Institut royal des Pays-Bas, à Amsterdam.

Vingt-cinq membres agrégés, à peu près le même nombre qu'en 1848. En somme, si l'on ne considère que les chiffres, l'Académie de Savoie semble être demeurée stationnaire pendant cette troisième phase de son existence de 1848 à 1860 ; mais ne pas avancer, n'est-ce pas rétrograder ?

Nous n'avons pas à nous étonner de cet arrêt momentané. Les États Sardes venaient d'être appelés à la vie politique. Nous avions à nous occuper des élections municipales, provinciales, divisionnaires. La presse devenue libre passionnait vivement les esprits. Le problème de la nationalité italienne, le duel entre l'Italie et l'Autriche, les péripéties de l'annexion de la Savoie à la France, l'invasion des Voraces : il y avait là de grandes préoccupations pour les habitants de la Savoie.

Des événements si graves ne pouvaient manquer de ralentir la marche des études littéraires et scientifiques dans notre pays. Une autre cause encore était venue modifier la haute position de l'Académie de Savoie : c'est la multiplicité des Sociétés rivales créées à cette époque.

A la suite du congrès de la Société géologique de France à Chambéry en 1844, une *Société d'histoire naturelle* s'y était organisée, sous la présidence du marquis Léon Costa de Beauregard. Son but était de former à Chambéry un musée, et en même temps d'y publier un bulletin mensuel, où naturellement devaient trouver leur place toutes les communications relatives aux sciences naturelles.

En 1855, une branche plus importante se détachait à son tour du vieux tronc de l'Académie : la *Société savoisienne d'histoire et d'archéologie* venait se fonder sur l'initiative de MM. Joseph Dessaix, président ; François Rabut et Claude Saillet, professeurs au collège national de Chambéry. Dès sa première séance, cette Société compte cent onze membres ; elle publie un volume annuel de Mémoires, et semble faire concurrence à l'Académie royale de Savoie sur son terrain privilégié.

En 1857, la *Société centrale d'agriculture de la Savoie,* sur l'initiative de M. Fleury-Lacoste, vient recruter un grand nombre d'adhérents et publier des Mémoires annuels, outre un bulletin mensuel de ses travaux.

Une *Société médicale* s'était également fondée à Chambéry, elle devait attirer et concentrer les publications relatives à la médecine, à la chirurgie et aux sciences pharmaceutiques.

En même temps, Annecy avait organisé l'*Association florimontane,* avec un bulletin mensuel, qui détachait de nous la division entière d'Annecy, devenue plus tard le département de la Haute-Savoie.

Saint-Jean de Maurienne fondait sa *Société d'histoire et d'archéologie,* qui semblait venir restreindre encore le territoire laissé à l'Académie de Savoie.

Ce développement de Sociétés, non pas rivales, mais auxiliaires, n'était pas fait pour déplaire à notre Académie. C'étaient au contraire autant de rejetons sortis de sa vieille souche, autant de collaborateurs suscités par son exemple. Il devait néanmoins en résulter un ralentissement momentané dans la marche de ses publications.

Plus richement dotée que ses jeunes sœurs, l'Académie continuait de distribuer les prix de la fondation Guy.

M. Alfred Puget venait de s'y révéler poète, par une épître dont le sujet avait été laissé *ad libitum.* Mlle Marguerite Chevron, simple fille de la campagne, s'y était élevée plus haut encore dans ses poésies lyriques : *Le Baptême de la liberté, la Percée du Mont-Cenis, l'Épître sur les Missions étrangères.*

MM. Molin, Guille, Claris, Marin, Trenca, etc., de Chambéry, Claude Hugard, de Cluses, y avaient brillé dans les concours de peinture et annoncé une résurrection de l'art en Savoie.

Vers cette époque, la mort de Mme veuve de Mouxy de Loche rendit exigible le legs de notre vénérable président pour la fondation d'un prix quinquennal de 750 francs. En 1851, l'Académie dut mettre au concours la question désignée au testament du fondateur : l'*Amour du bien public considéré au point de vue de l'intérêt particulier ;* elle la remit encore au concours en 1853 et en 1855 ; mais toujours sans résultat. Elle fut obligée de retirer ce sujet, elle y substitua une *Biographie d'un Savoisien*, au choix du concurrent.

Cette fois le résultat fut brillant ; en 1858, nous eûmes la *Vie de la princesse Louise de Savoie, mère de François Ier*, celle de *Mgr Benoît-Théophile de Chevron-Villette, archevêque et comte de Tarentaise*, et enfin les *Études historiques sur le comte Joseph de Maistre*, par M. Albert Blanc. Ce dernier remporta le prix et obtint un légitime succès dans le monde des lettres. Ce fut le point de départ de la brillante carrière diplomatique de notre jeune compatriote, aujourd'hui ambassadeur d'Italie auprès de la Sublime-Porte.

L'Académie de Savoie, durant cette période, a contribué pour une somme de 10,000 fr. à l'érection du monument au président Favre, qui décore la place du Palais-de-Justice à Chambéry.

Se conformant aux désirs du fondateur, M. Pillet-Will, elle envoie des délégués au concours régional de Bourg en Bresse pour y choisir quelques instruments modèles à introduire en Savoie. Ils y achètent :

Deux charrues Armelin...............	100 fr.
Deux coupe-racines..................	72
Deux hache-paille....................	200
	372 fr.

L'Académie propose de revendre ces instruments à moitié prix à des cultivateurs qui en feront l'essai et en propageront l'usage. Elle espère ainsi entrer mieux dans les vues du fondateur, qu'en créant un simple musée, une exhibition d'instruments modèles.

Dans un autre ordre d'idées, l'Académie veut servir la cause de l'art : ainsi elle fait des démarches auprès du gouvernement pour arrêter la démolition de la vieille tour du château de Chambéry, et aussi pour empêcher la vente des ruines du château de Miolans. Regrettant de ne pas voir établie en Savoie une commission spéciale pour la *conservation des monuments historiques*, elle charge un de ses membres de publier une instruction en faveur de cette institution ; elle alloue à la Société d'histoire et d'archéologie de Saint-Jean de Maurienne, une faible somme de 200 fr. pour aider à réparer la curieuse église de Notre-Dame, et elle dépense 600 fr. pour conserver le tombeau d'Odon de Luyrieux dans l'église du Bourget-du-Lac.

La Savoie n'a pas de congrès scientifique à recevoir pendant cette période ; en revanche elle délègue de nombreuses députations de ses membres pour la représenter aux congrès réunis, soit en France, soit en Italie. Elle s'est mise en relation d'échange avec un bien plus grand nombre de Sociétés de tous les pays : Lyon, Grenoble, Dijon, Toulouse, en France ; Venise, en Italie ; Genève, Lausanne, Neuchâtel, en Suisse ; Litterary and philosophical Society, à Manchester ; Smithsonian institution, à Washington, etc.

Lorsque des hommes célèbres dans les sciences viennent

à Chambéry ou à Aix-les-Bains, elle les invite à assister à ses séances. Ainsi, en 1850, M. Héricart de Thury, membre de l'Institut, président de la commission des eaux minérales de France, prend part à ses délibérations et lui donne d'excellents conseils pour la recherche et l'utilisation des ciments hydrauliques. Vers le même temps, le docteur Wrolik, secrétaire de la première classe de l'Institut royal des Pays-Bas, nous met en relations avec cette illustre Académie d'Amsterdam. J'en passe beaucoup d'autres : M. Leprevost, membre de l'Institut, M. Brun-Rollet, Savoyard, établi à Kartoum, etc.

Cet ensemble de faits nous montre suffisamment ce qu'était l'Académie de Savoie, ce qu'était la vie littéraire à Chambéry, au jour de notre annexion à la France. Il nous resterait maintenant à montrer ce qu'elle a gagné à ce changement politique ; nous laissons à d'autre le soin d'entreprendre ce travail.

Table alphabétique des membres effectifs résidants de l'Académie de Savoie.

(De 1820 à 1860.)

Présidents :

De Mouxy de Loche, 1820 à 1837.
Comte de Boigne, 1837 à 1842.
Xavier de Vignet, 1842 à 1844.
Mgr Billiet, 1844 à 1850.
Marquis Costa, 1850 à 1853.
De Juge, 1853 à 1854.

Mgr Billiet, 1854 à 1855.
Marquis Costa, 1855 à 1857.
De Juge, 1857 à 1858.
Marquis Costa, 1858 à 1860.

Vice-Présidents :

Xavier de Vignet, 1820 à 1831.
Comte de Boigne, 1832 à 1837.
Docteur Gouvert, 1837 à 1842.
Docteur Rey, 1842 à 1846.
De Juge, 1846 à 1850.
Docteur Rey, 1850 à 1851.
De Juge, 1851 à 1853.
Marquis Costa, 1853 à 1854.
De Juge, 1854 à 1857.
Marquis Costa, 1857 à 1858.
De Juge, 1858 à 1860.

Secrétaires perpétuels :

Raymond Georges-Marie, 1820 à 1839.
Rendu Louis, 1839 à 1842.
Ménabréa Léon, 1842 à 1857.
Chamousset François, 1857 à 1860.

Table alphabétique des membres effectifs non résidants.

NOTA. — Je ne porte en compte que les membres reçus comme tels et restés tels jusqu'à leur mort. Il serait superflu d'y ajouter les noms des membres résidants, qui, forcés de passer quelque temps à l'étranger, ont été temporairement classés parmi les non résidants.

1. Le comte Berthollet, pair de France, à Paris, membre fondateur, 1820 à 1822.

2. L'abbé Borson, professeur de minéralogie à l'Université de Turin, membre fondateur, 1820 à 1835.

3. Bouvard, directeur de l'Observatoire royal de France, à Paris, membre fondateur, 1820.

4. Costa de Beauregard (le marquis Joseph-Henri), membre fondateur, 1820 à 1825.

5. Carron (le docteur), d'Annecy, professeur honoraire à l'Université de Turin, 2 mars 1821 à 1822.

6. Despine (le commandeur Joseph), inspecteur général des mines à Turin, 9 août 1833.

7. Dupanloup (Mgr Félix), évêque d'Orléans, 28 mai 1845.

8. Genevois (l'abbé), à Turin, 2 mars 1823.

9. Magnin (Mgr), évêque d'Annecy, 19 décembre 1844.

10. De Maistre (le comte Joseph), ministre régent la grand chancellerie à Turin, 1820-1822.

11. De Maistre (le comte Xavier), général au service de Russie à Saint-Pétersbourg, 1820.

12. Martinet (le chanoine), à Moûtiers, 18 août 1837.

13. Ménabréa (duc de Val Dora Louis-Frédéric), ambassadeur, 19 décembre 1844.

14. Michaud (aîné), de l'Acadamie française à Paris, 1820.

15. Michaud (cadet), homme de lettres à Paris, 1820.

16. Nicollet, secrétaire astronome au bureau des longitudes à Paris, 1820.

17. Pillet (Claude-Marie), homme de lettres à Paris, 1820.

18. Pillet-Will, banquier à Paris, 21 janvier 1831.

19. Roget de Cholex, ministre secrétaire d'État pour les affaires internes, 8 juin 1823-1828.

20. Tochon (d'Annecy), de l'Académie royale des inscriptions et belles-lettres à Paris, 1820.

21. Trésal (le docteur), au Bourg-Saint-Maurice, 17 août 1838.

22. Vichard de Saint-Réal, intendant général de la marine à Gênes, 1820.

Les membres effectifs non résidants devaient tous être Savoisiens (art. 2 du règlement).

Table chronologique des membres associés ou agrégés.

(De 1824 à 1860.)

Nota. — Cette catégorie de membres n'a été créée qu'en 1824. Tous devaient être Savoisiens. Depuis 1832, ils sont admis à quelque nationalité qu'ils appartiennent.

MM. Marin (le comte Joseph), la Motte-Servolex, 20 février 1825.

Calloud (Fabien), chimiste à Annecy, 10 septembre 1826.

Docteur Ponsero, vice-protomédecin, professeur de philosophie à Suse, 20 janvier 1832.

Gal, chanoine à Aoste.

Ménabréa (Louis-Frédéric), officier du génie, Turin, 5 juillet 1839.

De Juge, sénateur, Chambéry, 20 mars 1840.

Replat (Jacques), avocat à Annecy, 20 mars 1840.

De La Rive, professeur à Genève, 18 juin 1841.

Peytavin, peintre à Chambéry, 23 juillet 1841.

Veyrat (Jean-Pierre), à Chambéry, 23 juillet 1841.

Bebert (Pierre-Antoine), à Chambéry, agrégé, 29 avril 1842.

Fortis (le comte), à Lyon, agrégé, 16 janvier 1845.

Bonjean père (Joseph-Louis), botaniste, agrégé, 28 mai 1845.

Genin (Félix), entomologiste, agrégé, 28 mai 1845.

Raymond (Jacques), professeur de mathématique, agrégé, 28 mai 1845.

Caffe, docteur-médecin à Paris, agrégé, 28 mai 1845.

Bonafous (Mathieu), à Turin, agrégé, 28 mai 1845.

MM. Bouvard (Eugène), employé au bureau des longitudes à Paris, 28 mai 1845.

Sismonda (Angelo), professeur à Turin, 28 mai 1845.

Docteur Bertini, professeur de médecine à Turin, 28 mai 1845.

Cibrario (Louis), collatéral à la Chambre des comptes à Turin, 28 mai 1845.

Sclopis (comte), avocat général au Sénat de Turin, 28 mai 1845.

L'abbé Gazzera, l'un des secrétaires perpétuels de l'Académie, 28 mai 1845.

Costerg, docteur-médecin à Paris, 28 mai 1845.

Fournet, professeur de minéralogie à Lyon, 28 mai 1845.

Agassitz, professeur de géologie à Neuchâtel, 28 mai 1845.

De Beaumont (Élie), secrétaire perpétuel de l'Académie des sciences, Paris, 28 mai 1845.

Docteur Bonino, médecin à Turin, 7 janvier 1848.

Chanoine Angleys, Saint-Jean de Maurienne, 7 janvier 1848.

S. Ex. de Saluces (le comte Alexandre), Turin, 8 février 1850.

Pillet (Louis), avocat à Chambéry, 8 février 1850.

Ducloz, docteur-médecin de l'Asile de Bassens, 8 février 1850.

Descôtes, chanoine à Chambéry, 8 février 1850.

Bonjean (Louis), docteur-médecin à Rio-Janeiro, 8 février 1850.

Huguenina, professeur de botanique, 6 juin 1850.

Revel (Eugène-Nicolas), docteur-médecin, 14 juillet 1850.

MM. Mongellaz, docteur-médecin, 14 juillet 1850.

Baux (Jules), archiviste à Bourg, 23 juillet 1850.

Héricart de Thury, inspecteur général, 1er août 1850.

Wrolik, secrétaire de l'Institut des Pays-Bas, 23 janvier 1851.

Carret (Joseph), docteur-médecin à Chambéry, 27 mars 1851.

Greyfié de Bellecombe (le comte Amédée), 27 mars 1850.

Moris (le chevalier), sénateur du royaume, professeur, 10 avril 1851.

Le Prévost (Auguste), membre de l'Académie des inscriptions, 30 mai 1851.

Paravia (le chevalier), professeur à l'Université de Turin, 22 janvier 1852.

Bailly (Jean-Baptiste), ornithologiste, 5 février 1852.

Bonnefoy, notaire à Sallanches, 15 mai 1856.

Calloud, chimiste à Chambéry, 15 mai 1856.

Chapperon (Timoléon), avocat, 15 mai 1856.

Ducis, chanoine, archiviste à Annecy, 15 mai 1856.

Molin (Benoît), peintre à Chambéry, 15 mai 1856.

Marin Léonide (le comte), à Chambéry, 2 septembre 1858.

Membres correspondants de l'Académie de Savoie.

Je ne pense pas devoir reproduire ici les noms de tous ceux qui ont été correspondants depuis la fondation de l'Académie jusqu'à l'annexion de la Savoie à la France. Ils sont au nombre de 229, et la plupart ne sont que fort peu connus. Je me contenterai de signaler quelques-unes des dispositions réglementaires qui les concernent.

Dans le règlement primitif, adopté en 1820, les correspondants, comme les effectifs, devaient être nés ou domiciliés en Savoie. Cette disposition reste en vigueur jusqu'au 10 mars 1826. Aussi, pendant ces six années, les membres correspondants ne dépassent pas le nombre de 38. Comme les effectifs, tant résidants que non résidants, étaient au nombre de 30, la proportion s'était maintenue dans des limites raisonnables.

Le 10 mars 1826, l'Académie supprime cette condition pour ses membres correspondants, aussi le nombre s'en élève-t-il rapidement.

Le 7 juin 1833, elle votait un article additionnel autorisant à rayer de la liste des correspondants tous ceux qui auraient laissé passer deux années sans lui faire de communication.

« A l'avenir, si un correspondant (sauf les cas d'impos-
« sibilité indépendante de sa volonté), laisse passer deux
« années sans tribut académique, il sera censé avoir re-
« noncé à sa qualité de correspondant et son nom pourra
« être effacé du tableau. »

Nous ne voyons pas que cette mesure draconienne ait jamais été appliquée. Elle semble au contraire avoir été implicitement abrogée par l'art. 39 du règlement voté le 12 février 1845, qui est conçu en ces termes :

« Les membres non résidants, agrégés et correspondants, entretiendront de fréquentes relations avec la Société, afin de concourir autant qu'ils le pourront aux divers buts de son institution ; ils correspondront avec le président ou avec le secrétaire perpétuel. »

Ce n'est qu'aux membres résidants que l'art. 40 impose l'obligation absolue de fournir un travail scientifique ou littéraire chaque année.

Entre cette sévérité outrée et l'entier laisser-aller du règlement, il y aurait peut-être un milieu à tenir, par exemple, introduire une prescription légale de dix ans, de vingt ans, de trente ans, qui permettrait de rayer les noms des 229 membres antérieurs à 1860, s'ils n'avaient pas donné de leurs nouvelles à l'Académie depuis lors jusqu'à l'année 1890.

C'est dans son volume IV de la 2e série, publié en 1864, que l'Académie a imprimé pour la première fois les noms de tous ses correspondants vivants. Ils étaient alors au nombre de 132. Depuis lors, les réceptions ont été nombreuses ; mais les disparitions l'ont été également, et aujourd'hui il devient presque impossible de suivre la trace des noms inscrits, de savoir quels sont les morts, certainement fort nombreux, qui continuent de figurer sur ces listes. Tout ce qu'on peut dire, c'est qu'il y aurait quelque chose à faire : *Caveant consules.*

TABLE MÉTHODIQUE

DES MATIÈRES

CONTENUES DANS LES TRENTE-SIX VOLUMES DES TROIS PREMIÈRES SÉRIES DE MÉMOIRES ET DANS LES SIX PREMIERS VOLUMES DE DOCUMENTS

Publiés par l'Académie des Sciences, Belles-Lettres et Arts de Savoie.

TABLE MÉTHODIQUE DES MATIÈRES

CONTENUES DANS LES TRENTE-SIX VOLUMES DES TROIS PREMIÈRES SÉRIES DE MÉMOIRES ET DANS LES SIX PREMIERS VOLUMES DE DOCUMENTS

PUBLIÉS PAR L'ACADÉMIE DES SCIENCES, BELLES-LETTRES ET ARTS DE SAVOIE

Les lettres A, B, C, indiquent les séries de Mémoires; D ou Doc., les documents. Les grands chiffres romains le volume de la série ; les petits chiffres romains renvoient aux pages des *comptes-rendus* en tête des volumes à pagination romaine : les chiffres arabes aux pages des volumes.

NOTA. — Pour le volume V de la deuxième série B, comme il y a deux comptes-rendus en tête du volume, on a ajouté, pour les différencier, des exposants 1 et 2 à chaque chiffre romain.

Actes de la Société.

Histoire de la fondation de la Société académique de Savoie (A, I, 1).

Elle adopte l'emblème et la devise de l'Académie florimontane (A, I, 40).

Elle obtient le titre de Société royale (A, III, ii et xv).

Prix et encouragements donnés par la Société (A, V, 377. — VI, 13. — VII, 6. — VII, xix. — IX, lxv. — XI, lxxxvi. — XII, xli et suiv.).

Teneur du décret par lequel le roi Charles-Albert décerne à la Société royale académique de Savoie le titre d'*Académie royale* (B, I, xi).

Relations établies avec diverses Sociétés savantes (B, I, cxviii. — V, lxii^1, xv^2, xxv^2. — VIII, lx).

Prix et encouragements donnés aux sciences, lettres et beaux-arts (B, I, lxvi).

Décret impérial du 14 juillet 1860, qui lui confrère le titre d'Académie *impériale*. (Reg. man., vol. III, p. 375).

Lettre ministérielle du 23 juillet 1860, signée Rouland (*Ibid.*, p. 376).

Dotation annuelle de 1,000 francs en faveur de la Société par M. le général comte de Boigne, en 1827 (A, V, 377).

Fondation d'un prix annuel de poésie, de peinture ou dessin, par M. l'avocat François Guy, en 1831 (VI, XII.)

Donation de 1,000 fr. par M. Mathieu Bonafous, pour un prix (VIII, XXII).

Donation de 6,000 francs par M. le comte Pillet-Will (VIII, XXIII).

Legs de 25,000 fr. par le comte François-Marie Fortis (B, I, CIX).

Agriculture.

Rapports sur plusieurs Mémoires relatifs à l'agriculture, par M. Burdet (A, I, 48).

Notice sur la charrue belge, par L. Gouvert (A, I, 98).

Notices sur la constitution agricole du duché de Savoie, par le même, en 1825 (A, II. 1. — En 1826, III, 1. — En 1827, IV, 27. — En 1828, V, 15. — En 1829, V, 56. — En 1830, V, 96. — En 1831, VI, 17).

Des effets que la fumée peut produire dans l'atmosphère pour préserver la végétation d'un abaissement de température capable de la détruire, par M. l'abbé Rendu (A, II, 48).

Extraits d'une notice sur la culture d'une espèce particulière de fèves (A, III, VI).

De l'abeille chez les anciens, par M. le comte de Loche (A, IV, 208).

Mémoire sur les marais en Savoie, considérés sous le rapport de l'hygiène et de l'agriculture, par M. le docteur Gouvert (A, IV, 49).

Nouveau système de culture de la vigne, par M. Fleury-Lacoste (B, II, XXVIII).

Études sur l'amendement des terres par M. Ch. Calloud (B, II, 135).

Questions proposées par le congrès scientifique de 1863 (B, V, LXX).

Distribution d'instruments d'agriculture (fondation Pillet-Will). (B, V, XXXV[1], *ibid.*, CXXXI[2], CXXXV[2]. — VIII, LX. X, LIX. — XII, CLVIII).

De l'irrigation en Savoie, par M. Calloud (B, LXXVI, 89).

Les marais du Chêne et son influence sur les communes environnantes, par M. l'abbé Chamousset (B, X, XLV).

Disparition du crétinisme et réduction des cas de goître à Domency, dus au dessèchement et à l'assainissement du sol, par M. l'abbé Chamousset (B, X, XLVI).

Prix de 300 fr. proposé pour l'auteur du meilleur Mémoire sur le dessèchement des marais et des terres humides de la Savoie (B, X, LXIV).

Prix de 600 francs à donner en primes aux constructeurs de machines agricoles, par la *Société centrale d'agriculture* (B, XI, LXXXVIII).

Histoire de l'agriculture en Savoie. Discours de réception de M. Pierre Tochon (B, XII, XVI, 1).

Réponse de M. le docteur Guilland (B, XII, XVIII).

Des gisements de phosphate de chaux en Savoie et de la possibilité de leur exploitation, par M. L. Pillet (XII, XVIII). — *Id.*, M. le chanoine Vallet (XXV).

Prix de 200 francs destiné à l'exposition agricole (B, XII, CLIX).

La Savoie agricole. Travaux de M. Tochon (C, X, XLIX).

La carte agronomique de la Savoie, de M. G. Buchard (C, XII, XXXIX).

Archéologie.

Notice sur la recherche des monuments antiques en Savoie, par M. le comte de Loche (A, I, 224).

Monuments romains et monuments du moyen âge de la vallée d'Aoste, par le même (A, I, 239).

Notice sur un caducée de bronze trouvé à Lémenc, près de Chambéry, par le même (A, II, 327).

Lettre de Mgr Billiet au sujet des tombeaux et des monuments découverts en 1827 près du col de la Madeleine, en Maurienne (A, III, 234).

Notice sur un antique baudrier de bronze, par M. le comte de Loche (A, III, 246).

Note sur quelques pièces d'anciennes monnaies trouvées dans la commune des Clés, par M. G.-M. Raymond (A, III, 253).

Recherches historiques sur les monuments romains d'Aix en Savoie, par M. le comte de Loche (A, III, 399).

De quelques usages antiques, par le même (A, III, 446).

Note des médailles trouvées à Lémenc, par le même (A, IV, 16).

Note sur un cachet de métal (A, IV, 17).

Rapport sur d'anciennes monnaies d'argent trouvées à Veyrier (A, IV, 19).

Lettre de M. Louis Cibrario sur la route qui conduisait anciennement, par la vallée d'Usseil, de Piémont en Maurienne (A, IV, 191).

Note sur les anciennes galeries souterraines de Macot, en Tarentaise (A, V, 7).

Mémoire sur les souterrains des anciens bains d'Aix en Savoie, par M. le comte de Loche (A, V, 184).

Note sur un *Dolmen* existant dans le village de Saint-Romain (A, IX, XXI).

Note sur une pierre sur laquelle sont gravées trois lignes verticales (A, IX, XXII).

Note sur les tombeaux découverts à Lémenc, par M. Léon Ménabréa (A, XI, XLIX).

Lettre de M. l'abbé Constance Gazzera sur la fausse interprétation d'une inscription romaine découverte en Valachie (A, XI, 113).

Mémoire sur le prétendu culte rendu par les Égyptiens à quelques légumes, par M. J.-G.-H. Greppo (A, XI, 235).

Notice sur les voies romaines qui conduisaient de *Lemnicum* à *Augustum*, par M. le comte de Vignet (A, XI, 353).

Note sur une médaille portant d'un côté l'effigie du Christ

et de l'autre une inscription en langue hébraïque, par M. le chanoine H. Pillet (A, XII, XLVI).

Note sur les tombeaux gallo-romains découverts à Lémenc, à Sonnaz et à Bourdeau, sur le lac du Bourget (A, XII, XLIX).

Note sur un monument druidique existant jadis en Tarentaise, par M. Duplan (A, XII, L).

Inscriptions romaines découvertes, expliquées ou rectifiées, par MM. Ménabréa, Rabut, Duplan et Croisollet (A, XII, LVIII).

Inscriptions du moyen âge, par Mgr Billiet et M. Ménabréa (A, XII, LVIII).

Dissertation sur les diptyques, suivie de la description d'un diptyque grec trouvé en Savoie, par Mgr Billiet (A, XII, 559).

Objets trouvés dans des tombes à Thiez (Faucigny), par M. Bard, avocat (B, I, XLVII).

Tombes romaines à Chaffardon (Saint-Jean d'Arvey), par M. d'Oncieu (B, I, XLVIII).

Inscription romaine dans les fins d'Annecy, par M. Rabut (B. I, XLIV).

Notice sur les dominicains de Chambéry et sur leur cloître récemment démoli, par M. F. Rabut (B, I, LI).

Statue de la Vierge, trouvée dans l'hôpital d'Aix, par le baron Despine (B, I, LVI).

Rapport sur cette statue, par M. Rabut (*Ibid.*, LIX).

Inscriptions inédites de Thénesol et d'Allondaz, par M. l'abbé Ducis, et rapport, par M. Rabut (B, I, LXII).

Notice sur quelques inscriptions funéraires trouvées en Savoie, par M. Rabut (B, I, 141).

Première notice sur quelques monnaies de Savoie, inédites, par le même (B, I, 159).

Deuxième notice, *id.*, (B, II, 47).

Troisième notice, *id.* (B, III, 119).

Quatrième notice, *id.* (B, V, 105).

Note sur quelques inscriptions, par M. l'abbé Ducis, et communication de M. F. Rabut à ce sujet (B, II, XIII).

Nouvelles antiquités découvertes à Aix-les-Bains, par M. le baron Despine (B, II, xvii).

Note sur une inscription existant à Saint-Jeoire, par M. Rabut (B, II, 219).

Notice sur une dalle funéraire existant dans l'église du Bourget, par le même (B, II, 223).

L'abbaye du Beton, en Maurienne, par Melville-Glower (B, III, 313).

Inscription chrétienne du vie siècle trouvée à Grésy-sur-Aix, par M. L. Pillet (B, IV, 345).

Inventaire des armes trouvées dans le gabinet du chasteau de ceste ville (Thonon), par M. de Foras (B, V, xvi[1]).

Conservation des monuments historiques, crypte de Lémenc, crypte de Saint-Jean de Maurienne, Saint-Martin d'Aime. — Monument au président Favre (B, V, xx[1]).

Inscriptions de Savoiroux, de Sion, de Brailles, par M. Croisollet (B, V, iii[2]).

Antiquités romaines de Détrier, par M. Pillet (B, V, v[2]. — V, lxxiv[2]).

Inscription romaine de la Chapelle-Blanche, par M. Macé (B, V, x[2]).

Tombes trouvées à Bressieux sur Bassens, par M. Pillet (B, V, xxi[2]).

Tombes trouvées au Mallod sur Clarafond et à Chignin, par MM. Guilland et Revel (B, V, xxi[2]).

Monnaies provenant des fouilles du pont d'Albertville, par M. Conte, ingénieur (B, V, xxviii[2]).

Inscriptions romaines d'Hauteville et de Seyssel, par M. Fivel (B, V, xxix[2]).

Inscriptions d'Artemart et de Fréterive, par le même (B, V, xlvi[2]).

Poteries et statuettes de Rio-Nero dans la basilicate, par M. le colonel Gabet (B, V, lxxiii[2]).

Habitations lacustres, par M. le baron Despine (B, V, lxxviii[2]).

Inscriptions à Grésy-sur-Aix, par M. Pillet (B, V, lxxix).

Inscriptions à Lépin, par M. l'abbé Vallet (B, V, lxxxv[2]).

Inscriptions à Saint-Jean-Pied-Gauthier et à Saint-Pierre de Soucy, par M. Fivel (B, V, CXXVII[2]).

Conservation des monuments historiques, par M. Pillet (B, V, CXXXII).

Objets trouvés au cimetière des Marches, par Mgr Billiet (B, V, CXXXIV).

Extrait général des comptes du trésorier général concernant le président Favre, par M. Lecoy de La Marche (B, V, CXXXIV[2]).

Denier écucellé d'argent d'Amédée VI (B, V, CXL).

Bronzes celtiques de Clarafond, par M. Pillet (B, V, CXLI[2]).

Habitations lacustres. excursion au Saut de la Pucelle, à Conjux et à Chatillon, par M. Pillet (B, VIII, XI).

Inscriptions romaines à Sion, Brailles, Hauteville, Seyssel, Fréterive, Gilly, Tournon, par M. l'abbé Ducis (B, VIII, XII).

Deux statuettes en bronze et monnaies grecques en argent, trouvées près du château de Canossa, don de M. Antoine Gabet (B, XIII, XVIII).

Tombes à la Bauehe, par M. l'abbé Vallet (B, VIII, XX).

Tombes à Marigny, Saint-Marcel, par M. Croisollet, (B, VIII, XXIV).

Poignard en fer trouvé à Grésine, par M. le baron Despine (B, VIII, XXVII).

Tombes anciennes au Petit-Barberaz, par M. Pillet (B, VIII, XXXIX).

Crypte de Lémenc, baptistère, demande de fouilles faites par M. de Saint-Andéol (B, VIII, XLII, XLVII).

Agrafe de baudrier mérovingien, trouvée à la Balme, près la Roche, par le marquis Costa (B, VIII, LIV).

Crypte de Lémenc avec son martyrium, par M. le marquis d'Oncieu (B, VIII, XLII).

Crypte de Lémenc avec son martyrium, par M. Pillet (B, IX, CVI).

Cénotaphe romain en marbre de Vimines, dans le crypte de Lémenc (B, VIII, LXXV).

Monnaies romaines trouvées au pont d'Albertville, par le marquis d'Oncieu (B, VIII, LXXVI).

Sépultures de Saint-Jean de Belleville, par le marquis de Costa (B, VIII, xci).

Chapelle de Saint-Sébastien, à Lanslevillard, demande d'un subside pour réparations, et rapport, par M. de Jussieu (B, VIII, cv, cxi et 237).

Fouilles dans la chapelle souterraine du cimetière de Lémenc, par MM. Chapperon, Pillet et l'abbé Trepier (B, IX, xix).

Les baptistères en général et Lémenc en particulier, par M. de Saint-Andéol (B, IX, xxxvi).

Inscriptions romaines sur la montagne de Sainte-Marguerite, au-dessus de Détrier, et à la Chapelle-Blanche, par M. de Saint-Andéol (B, IX, xxxvii).

Monnaies romaines et objets d'art provenant de l'Italie méridionale, don de M. Alexis Peyssard (B, IX, xli).

Baptistère de Lémenc, note de M. de Saint-Andéol (B, IX, xlii).

Découverte d'antiquités romaines à la source sulfureuse de Menthon, par M. Pillet (B, IX, xlii).

Curiosités de la numismatique savoisienne, par le marquis d'Oncieu (B, IX, liv).

Bribes archéologiques (litres ou ceintures funèbres), par M. l'abbé Trepier (B, IX, lxxxvi).

Salle capitulaire de Saint-Dominique, par le marquis d'Oncieu (B, IX, xcviii).

Etablissement de la place de Lans, inscription à Sigismond d'Est, marquis de Lans, par M. Burnier (B. IX, ci).

Sigillographie savoisienne, par M. le marquis d'Oncieu (B, IX, cvii).

Habitations lacustres du Bourget, communication de M. Rabut (B, IX, cxi ; *id.*, cxxxii).

La Balme sous Pierre-Châtel, résultat des fouilles, par M. Pillet (B, IX, cxii).

Bague ou anneau d'or mérovingien, acquis pour le musée départemental, par M. le marquis d'Oncieu (B, IX, cxxii).

Inscription romaine dans le cimetière d'Albens, par M. l'abbé Albert Pillet (B, IX. cxxx).

Tableau sur bois (de Bonivard), du musée de Chambéry, par M. le marquis d'Oncieu (B, IX, CXXXV).

Un dernier mot sur le baptistère de Lémenc, opinions de M. d'Oncieu, de M. de Saint-Andéol, de M. Pillet (B, IX, 327, 381, 329, 385).

Grotte de Grésine, par M. le baron Despine (B, X, XIX).

Amphores et tombeaux trouvés près de la Visitation de Lémenc, notes par M. Rabut et l'abbé Trepier (B, X, XXI).

Buffet d'orgues de la Sainte-Chapelle de Chambéry (B, X, XXXIX).

Fouilles dans les grottes de Savigny. — Rapport par M. Pillet (B, X, LIV).

Habitations lacustres de la Savoie, 2e Mémoire, par M. Rabut (B, X, 1).

Découvertes récentes au Salève, station de l'âge du renne, par MM. F. Thioly et Perrin (B, XI, LXVI).

Trésor de la Sainte-Chapelle de Chambéry, par M. Favre, rapport par M. le comte Greyfié (B, XI, LXXV),

Antiquités romaines trouvées à Bassens, par M. Fivel, note de M. le marquis d'Oncieu (B, XI, XC).

Rapport sur les résultats archéologiques des dernières fouilles d'Aix, par M. le docteur Guilland (B, X, XCIII).

Vœux pour la conservation des antiquités d'Aix et la création d'un musée local, *ibid.* — Note de M. Despine sur le même sujet (B, XI, CX).

Pierre tombale d'Anne d'Andasio, récemment découverte au cimetière de Chambéry, extrait du manuscrit de Comnène sur les tombeaux existant anciennement à Chambéry, par M. le marquis d'Oncieu (B, XI, XCV).

Bribes archéologiques, par M. l'abbé Trepier. — Camp romain de Saint-Ours. — Tombes découvertes à Bourchigny, à Lescheraines, à la Charmette, à Thoiry, au Mollard de Marterey (B, XI, CX).

Vestiges romains de Mérande et découvertes de cubes indiquant l'existence de mosaïques, par M. le docteur Dubouloz. — Note de M. L. Rabut (B, XI, CXVI).

Découverte de tombeaux à Barby, rapport par M. Perrin (B, XI, CXVIII).

Résultat des fouilles lacustres faites pour le musée, par M. Perrin (B, XII, LXXV).

Fouilles à Mérande, substructions romaines et mosaïques, travaux de la commission, rapport de M. le marquis d'Oncieu (B, XII, LXXVIII).

Arbin, son nom, son étymologie, une de ses inscriptions, sa villa et peut-être son grand établissement romain, par M. l'abbé Trepier (B, XII, CIV).

Médailles de familles romaines découvertes à Francin ; description de celles qui ont été acquises par le musée, par M. Perrin (B, XII, XXI).

Rapport sur l'état des collections du musée départemental, août 1869, par M. Perrin (B, XII, CXII).

Les palafittes du lac Paladru ; note de M. E. Chantre, par M. A. Perrin (B, XII, XXVIII).

Chemin en bois découvert dans l'exploitation d'une tourbière à Saint-Laurent du Pont (Isère), par M. A. Perrin (B, XII, CXIX).

Antiquités romaines à Margéria, découverte signalée dans les Mémoires de Claude Anet, par M. A. Perrin (B, XII, CXX).

Inscriptions romaines de Saint-Jean-Puy-Gauthier, de la Chapelle-Blanche et de Saint-Pierre de Soucy, lecture par l'abbé Ducis (B, XII, CXXI).

Inscription romaine découverte au prieuré de Saint-Innocent. — Inscriptions aux déesses mères trouvées en Savoie et notes sur leur culte, par M. Fivel (B. XII, CXXI).

Découverte de tombeaux romains et de la voie romaine, entre Villette et Aime en Tarentaise, par M. Borrel, architecte (B, XII, CXXVIII).

Étude préhistorique sur la Savoie, spécialement à l'époque lacustre, âge de bronze, par M. Perrin (B, XII, L).

Villa romaine de Mérande, par le marquis d'Oncieu (B, XII, L).

Quelques mots sur les découvertes archéologiques et numismatiques de Francin, près Montmélian, par M. G. Vallier (C, VIII).

Notes sur le trésor de Vinzié, par M. A. Duplan (C, IX, 267).

Chapelle du lycée de Chambéry, par M. L. Pillet (C, IX, xxxv).

Monuments megalitiques des Houches, par M. Perrin (C, X, xlvii).

Topographie de l'ancien Chambéry, par le même (C, XI, xxii).

Le médailler du musée d'Annecy, par le même (C, XI, xxvii).

Découverte d'une tombe romaine à Bassens, par le même (C, XI, xxviii).

Ancienne église de Maché, par M. l'abbé Morand (C, XI, xxix).

Catalogue du médailler de Savoie, par M. A. Perrin. — Série Doc. (V, tout le volume).

Arts industriels.

Résumé d'une notice sur les résultats de la carbonisation du bois, par Michel Saint-Martin (A, I, 24).

Note sur un modèle de pont en fil de fer construit par M. Pacthod, par le même (A, I, 26).

Extrait du rapport de M. Raymond aîné, sur l'avantage qu'il y aurait à provoquer la fabrication de meilleures briques et de meilleures tuiles, avec l'emploi exclusif de combustiles fossiles (A, III, ix).

Notice sur l'extraction du borax des volcans boueux de Monte-Gerboli, près de Volterra, par M. Léon Costa de Beauregard (A, IV, 150).

Astronomie.

Mémoire sur l'égalité de rotation et de révolution des satellites du système solaire, par le R. P. Mayeul-Lamey (C, VIII, 179).

Mémoire sur le régime de circulation de la masse fluide du soleil, par le même (C, X, 377).

Rapport sur ce Mémoire (C, X, xlviii).

Phénomènes météorologiques observés durant les heures crépusculaires des 26 et 27 novembre et 1er décembre 1883, par M. Morand (C, X, XLVII).

Caractères des étoiles périodiques et des étoiles temporaires à l'occasion de la découverte, par M. Lajoie, directeur de l'observatoire de Reims, d'un nouvel astre dans la nébuleuse d'Andromède, par M. Morand (C, XI, LVII).

La pluie extraordinaire d'étoiles filantes du 27 novembre 1885 et la comète de Biéla, par le même (C, XI, LX).

Note sur la granulation scolaire par Dom. M. Lamey (C, XI, 225).

Beaux-Arts.

De la translucidité apparente ou observation sur un phénomène appartenant à l'harmonie du concours des deux yeux, appliqués à l'art du dessin, par M. le comte de Loche (A, II, 252).

Mémoire sur la musique religieuse, par M. Raymond (A, III, 167).

Concours de peinture 1847-1848, (B, I, LXVI). — 1849, *id.*, LXIX. — 1852, *id.*, LXXI. — 1861, (V, XLI).

Catalogue de l'exposition d'objets d'art, ouverte le 10 août 1863, à l'occasion de la réunion du congrès scientifique de France, à Chambéry (B, VIII, 310).

Rapport sur la fondation Guy, pour un prix de poésie et de peinture (B, VIII, XXXII).

La vierge à l'œillet-triptique de Memlinck. — Notice, par M. Fivel (B, XI, XIV).

Concours de peinture de la fondation Guy, rapport de M. Barbier (C, X, LIV).

Concours de peinture de la fondation Guy, rapport de M. Barbier (C, XI, LII).

Mosaique du hall du Cercle d'Aix-les-Bains, par M. Barbier (C, XI, LV et 165).

Belles-Lettres.

1° *Poésie.*

Sur la restauration du monastère d'Hautecombe, par M. A. de Juge (A, II, 334).

Extrait de poésies intitulées : *Méditations poétiques*, par M. le chevalier Durante (A, VII, 287).

Rapport sur les différentes pièces de vers transmises à la Société pour le concours de 1840, par M. le chanoine Rendu (A, X, I).

Rapport sur le poème envoyé pour le concours de 1842, par M. le chevalier de Juge (A, XI, 153).

Fables, par le même (A, XII, LXVI).

Rapport sur les poèmes envoyés au concours de 1844, par le même (A, VII, 369).

Concours de 1847-1848 (B, I, LXVI. — Rapport sur le prix, par le même (B, I, 347).

Concours de 1851 (B, I, LXIX. — 1852 (B, I, LXXI. — Rapport sur le prix, par le même (B, II, I).

Fables, par M. Drevet (B, I, LXXII.

Rapport sur le prix de poésie pour 1860, par M. Pillet (B, V, XXXVIII).

Fables, de M. de Juge (B, V, XXVI², CXLVIII²).

Poésie, par M. Molens (B, V, CXXXV).

Conditions de concours pour 1862 (B, VII, XX). — Prix de poésie (B, VIII, XXIX).

Conditions de concours pour 1862 (B, VIII, XXXVIII). — Pour 1864 (VIII, LXXXIV). — Pour 1865 (VIII, CXVI. — Rapport sur le prix de poésie pour 1865 (B, IX, XLVI et XLVIII).

Conditions de concours pour 1867. — Décision de l'Académie et rapport (B, XI, XXXIV, XXIX).

Conditions de concours pour 1868. — Nomination de la commission (B, XI, CXXII).

Conditions de concours pour 1869. — Rapport de M. le docteur Carret (B, XII, CLXXIII).

Conditions de concours pour 1870. — Rapport de M. le docteur Guilland (B, XII, CCVI).

Conditions de concours pour 1871. — Rapport sur le prix (B, XII, CCXLIX).

Rapport sur le prix de poésie, lu dans la séance publique du 28 avril 1879, par M. Descostes (C, VIII, 283).

Rapport sur le prix de poésie, lu dans la séance publique du 19 janvier 1882, par M. Descostes (C, IX, 31).

La Savoie et les Savoyards au XVIe siècle, par M. Morand (C, IX, 339).

Compositions littéraires de Jean Piochet de Salins (C, IX, 383).

Rapport sur le concours de poésie, lu dans la séance publique du 8 mars 1883, par M. Descostes (C, X, I).

Rapport sur le concours de poésie, lu dans la séance publique du 4 février 1885, par M. Descostes (C, XI, 75).

2° *Éloquence.*

Résumé du discours de réception de M. Léopold Cot (A, XI, LVII).

Fragments du discours de réception de M. le sénateur de Juge (A, XI, LX).

Fragment du discours de M. de Vignet, en réponse au discours de réception de M. Bonjean (A, XI, LXIX).

Allocution de la députation de l'Académie à la Société géologique de France, par M. le baron Jacquemoud, et réponse par M. Agassitz (A, XII, LXXXVII).

Fragment du discours de réception de M. le chanoine Humbert Pillet (A, XII, XCVI).

Fragment du discours de réception de M. le comte Eugène de Costa (A, XII, CI).

Extrait du discours de réception de M. le comte d'Aviernoz (A, XII, CVIII).

Fragment de la réponse de Mgr Billiet au discours qui précède (A, XII, CXI).

Discours de réception de M. Rabut et réponse (B, I, XCVI).

Discours de réception de M. le docteur Revel (B, I, CIV).

Discours de réception de M. de Jussieu (B, V, XLVIII[1]).

Discours de réception de M. Fabre (B, V, LXXXVIII[2]).

Discours de réception de M. le comte Greyfié (B, V, CXXI[2]).

Discours de réception de M. le marquis d'Oncieu (B, VIII).
Discours de réception de M. J. M. Boileux (B, VIII, 41).
Discours de M. Guilland, réponse à MM. Boileux et d'Oncieu (B, VIII, 59).
Discours de réception de M. Burnier (B, IX, 1).
Réponse de M. le docteur Guilland (B, IX, 29).
Discours de réception de M. l'abbé Ducis (B, IX, 42).
Réponse de M. le comte Greyfié (B, IX, 83).
Discours de réception de M. Albert Costa (B, IX, 66).
Discours de réception de M. l'abbé Arminjon (B, IX, 167).
Discours de réception de M. l'abbé Trepier (B, IX, 163).
Discours de réception de M. Descostes (C, IV, 3).
Discours de réception de M. Blanchard (C, IV, 469).
Réponse de M. Guilland (C, IV, 487).
Discours de réception de M. d'Arcollières (C, VIII, 202).
Rapport de M. Carret sur ce discours (C, VIII, 201).
Discours de réception de M. le comte du Verger de Saint-Thomas (C, VIII, 427).
Discours de réception de M. l'abbé Morand (C, IX, 339).
Réponse par M. Pillet (C, IX, 379).
Discours de réception de M. Ch. Buet (C, X, 89).
Réponse par M. Pillet (C, X, 107).
Discours de réception, par M. le comte Régis de Fernex de Mongex (C, XI, 241).
Réponse au discours ci-dessus, par M. Pillet (C, XI, 289).
Discours de réception de M. E. Arminjon (C, XI, 305).
Réponse au discours ci-dessus, par M. Morand (C, XI, 383).

3° *Prix divers.*

Rapports sur les manuscrits envoyés au concours pour le prix de Loche, par M. de Juge (B, III, 417).
Rapport sur le Mémoire reçu pour le même concours en 1860 (B. V, XXXVII).
Médailles décernées à l'Académie de Savoie et à M. Chaperon (B, VIII, LXXXI).
Médailles décernées à l'Académie et à M. L. Rabut (C, X, XXVII).
Conditions de concours au prix de la fondation de Loche pour 1868 (B, XI, XLIX).

Médailles décernées à l'Académie, distinctions à MM. Lory, Pillet, Vallet (B, XII, xxvii).

Rapport sur le prix d'histoire et d'archéologie en 1869, fondation de Loche (B, XII, ccli).

Encouragements donnés aux sciences, aux belles-lettres et aux arts. — Prix. — Subsides et dons au musée départemental (B, XII, clviii).

Concours d'histoire et d'archéologie, 1er juillet 1886 (C, XII, xxxii et clix).

Sociétés savantes avec lesquelles l'Académie échange ses Mémoires (B, XII, cclv).

4° *Mélanges*,

Demande de l'Académie à la Société d'histoire naturelle pour le musée (B, IX, cxviii).

La balistique et la fortification chez les Grecs à la fin du règne d'Alexandre, d'après Philon de Bysance, par M. A. de Rochas d'Aiglun (B, XII, cxxxvii).

Il y a cent ans, notice sur une famille de Chambéry, par M. Pillet (B, XII, cli).

Savoisien, Savoyard, Savoïen, rapport sur ces mots, par M. Pillet (B, XII, clii).

Prix des substances, par M. Ch. Calloud (B, XII, clv).

Réflexions morales sur le romantisme, par M. le comte Marin (A, IX, 239).

5° *Philologie, critique, etc.*

Saint François de Sales considéré comme écrivain, par G.-M. Raymond (A, II, 199).

Quelques remarques sur les mots Savoisien et Savoyard, par le même (A, IV, 256).

Remarques sur quelques expressions et quelques tournures défectueuses employées même par de bons écrivains, par le même (A, VIII, 293).

Études philologiques sur les noms propres, par M. Pillet (B, V, xxiv[1]).

Patois de la haute Tarentaise, chants populaires, par M. l'abbé Pont (B, V, liii[2] ; V, lxxxiii[2]).

Notice sur les dialectes des environs de Chambéry, par M. Pillet (B, X, xlv).

Recueil des patois de Savoie. — Traduction de la *Parabole de l'Enfant prodigue*, par les instituteurs; don fait à l'Académie par M. Ruck (B, XI, LXXXIV).

Les idées du sieur Pavy pour les pièces de théâtre, par le marquis Tredicini de Saint-Séverin (C, XI, XLV).

Le folk lore, par M. Pillet (C, XI, XLIX).

6° *Grammaire.*

Nouveau traité des participes, par M. Bauquis (B, I, LXXII).

Grammataire ou abécédaire national, par M. Billiet (B, I, LXXIII).

Bibliographie.

Rapport sur une communication de M. de Gregory, relative à l'auteur de l'*Imitation de Jésus-Christ*, par M. G.-M. Raymond (A, VIII, 283).

Sur l'auteur de l'*Imitation de Notre Seigneur Jésus-Christ*, par M. le chanoine Pillet (B, XLIV).

Notice sur l'établissement de l'imprimerie en Savoie et sur les premiers livres imprimés à Chambéry et à Annecy (A, XII, XV).

Monographie historique de la bibliothèque de Chambéry, par M. Barbier (C, IX, 97).

Biographie.

Note historique sur saint Bernard de Menthon, par M. l'abbé Dépommier (A, III, 202).

Rapport sur le concours ouvert en 1831 pour l'éloge historique du général de Boigne, par M. Raymond (A, V, 383).

Notice historique sur la vie et les travaux du P. Claude Le Jay, natif d'Aise en Faucigny, par M. le chanoine Chuit (A, VI, 258).

Notice historique sur M. G.-M. Raymond, par M. le chanoine Rendu (A, IX, 177).

Notice biographique sur M. le comte Fortis, par M. Ménabréa (B, I, CIX).

Notice biographique sur M. Cot (B, I, CXI).

Notice biographique sur M. le chanoine Turinaz (B. I, CXIII).

Notice biographique sur M. l'abbé Bonnefoy (B, I, CXV).

Notice biographique sur le docteur Duclos (B, I, CXVI).

Notice biographique sur M. d'Oncieu de Chaffardon (B, I, CXVII).

Notice biographique sur M. Mathieu Bonafous (B, II, XXXII).

Notice biographique sur M. le baron Antoine Despine (B, II, XXXVI).

Notice biographique sur M. le chanoine Angleys (B, II, XXXVII).

Notice biographique sur le chanoine H. Pillet (B, II, XXXIX).

Notice biographique sur M. le comte E. de Costa (B, II, LII).

Notice biographique sur M. le comte B. de Boigne (B, II, LIV).

Notice biographique sur M. Cl.-Melchior Raymond (B, II, LV).

Notice biographique sur M. le chanoine Chuit (B, II, LXII).

Notice biographique sur M. Léon Ménabréa, par M. le docteur Guilland (B, IV, X).

Notice biographique sur Mgr Rendu (B, IV, XII).

Notice biographique sur M. le comte de Menthon d'Aviernoz (B, IV, XVIII).

Notice biographique sur M. Huguenin (B, IV, XX).

Notice biographique sur M. Peytavin (B, IV, XXII).

Notice biographique sur M. Fabien Calloud (B, IV, XXIII).

Notice biographique sur M. Ducroz de Sixt (B, IV, XXVI).

Notice biographique sur M. le comte Avet (B, IV, XXX).

Notice biographique sur M. le commandeur Despine (B, IV, LIV).

Notice biographique sur M. le comte Pillet-Will (B, IV, LXIV).

Notice biographique sur M. Michel Saint-Martin (B, IV, LXV).

Notice biographique sur M. le docteur Rey (B, IV, LXXI).
Notice biographique sur M. le docteur Montgellaz (B, IV, LXVII).
Notice biographique sur M. le chanoine Chevray (B, V, LXVIII).
Notice biographique sur M. le docteur Carron du Villars (B, IV, LXVIII).
Notice biographique sur M. le marquis de Saint-Séverin (B, IV, LXVIII).
Notice biographique sur M. le docteur Baud (B, IV, LXIX).
Notice biographique sur M. le docteur Petit Alexis (B, IV, LXIX).
Notice biographique sur M. le docteur Pravaz (B, IV, LXIX).
Notice biographique sur M. Martin Arnaud (B, IV, LXX).
Notice biographique sur M. Brun Rollet (B, IV, LXX).
Notice biographique sur M. Joseph Hugard, par M. Pillet (B, V, XLIV[1]).
Notice biographique sur M. de Juge de Pieuillet, par le docteur Guilland (B, VIII, XXV).
Notice biographique sur le docteur Revel (B, IX, LXV).
Notice biographique sur M. le docteur Domenget (B, X, XXIX).
Notice biographique sur M. Timoléon Chapperon (B, X, LXXI).
Éloge de S. Em. le cardinal Billiet, par M. Fr. Descostes (C, IV, 3).
Étude sur M. Timoléon Chapperon, par M. Blanchard (C, IV, 449).
Réponse de M. Guilland (C, IV, 487).
Vie littéraire de Joseph Dessaix, par André Folliet (C, V, 5).
Le général Dessaix, sa vie politique et militaire, par le même (C, V, 29).
Le Père Monod et le cardinal Richelieu. Épisode de l'histoire de France et de Savoie, par le général Dufour et F. Rabut (C, VIII, 17).
Éloge de M. le comte Greyfié de Bellecombe. — Discours de réception de M. le comte Ch. Du Verger de Saint-Thomas (C, VIII, 427).

Réponse de M. Barbier, président de l'Académie (C, VIII, 466).

Biographie de MM. Joseph Carret (C, X, LV).

— Pierre-Antoine Bebert (C, X, LVII).

— le docteur L. Guilland (C, X, LIX).

— le P. Babaz (C, X, LXII).

— Louis Revon (C, X, LXIII.)

— Joseph Gavard (C, X, LXIII).

— le docteur Ducrest (C, X, LXIV).

— Félix Despine (C, X, LXIV).

— le chanoine Arminjon (C, XI, LXIII).

— le chanoine Pont (C, XI, LXXI.)

— le chanoine Tiollier (C, XI, LXXII).

— le chanoine Fleury (C, XI, LXXII).

M. l'abbé Martinet, par le comte Régis Fernex de Mongex (C, XII, 241).

Mgr Philibert-Albert Bailly, par M. le chanoine Duc (C, XII, XXVI).

Biographie de MM. Adolphe Fabre (C, XII, XXXIX).

— Adolphe Aragon (C, XII, XXXIX).

— Léon Charpy (C, XII, XL).

— Claude Hugard (C, XLI).

— René Perrier de La Bâthie (C, XII, XLII.)

Botanique.

Note sur les plantes phanérogames qui aiment exclusivement le voisinage de l'habitation de l'homme, par M. Huguenin (B, II, 236).

Note sur quelques plantes rares observées en Savoie, par le même (B, II, 409).

Chimie.

Analyse comparative de l'eau de la fontaine de Saint-Martin, près de Chambéry, et de celle de Maché, *des Deux-Bourneaux*, par M. Saluce (A, IV, 376).

Analyse des eaux de la Boisse, près de Chambéry, par le même (A, IV, 376).

Lettre de M. Calloud, d'Annecy, sur la préparation du bicarbonate de soude et du sulfate de soude (A, VI, 170).

Note sur la question de savoir si le calomel, ou protochlorure de mercure, mêlé aux chlorures alcalins, avec ou sans eau, peut donner lieu à une composition de sublimé-corrosif, par M. J. Bonjean (A, XI, VIII).

Traité théorique et pratique de l'ergot de seigle, par le même (A, XII, 1).

Eau de magnésie édulcorée, par M. Bocquin (B, I, LXXXVIII).

Analyse des tufs déposés dans les fontaines qui produisent le goître, par M. J. Bonjean (B, I, LXXXIX).

Effets produits par un coup de foudre, par le même (B, I, 317).

Dosage de l'iode et du brome contenus dans les eaux d'Aix et de Marlioz (B, IV, 365).

Analyse des eaux de la source de la Versoye, par Ch. Calloud (B, V, XXIX).

Analyse d'une terre argileuse en culture à Saint-Jeoire, *id.*, (B, V, 129).

Les plantes des prairies humides et les bois crus dans l'eau renferment moins de principes aqueux, par M. Ch. Calloud (B, V, LXV).

Eaux potables du bassin de Chambéry, par M. Calloud (B, XI, LIX-LXI).

Le groupe des eaux minérales d'Evian-les-Bains et les carrières de Meillerie, par M. Décotes (C, X, 425).

Traitement par voie humide du cuivre gris argentifère appliqué pour la première fois, par M. Pacthod. — Note de M. l'abbé Chamousset (B, IX, CVII).

Chronologie.

Notice sur le calendrier civil et ecclésiastique, par M. G.-M Raymond (A, VIII, 213).

Économie publique.

Essai sur les biens communaux en Savoie, par M. Despine (A, VIII, 1).

Géographie.

Cartes d'Afrique, par M. Regnault de Launoy de Bissy (C, X, XLV).

Nouvelle carte de l'état-major en Savoie, par M. L. Pillet (B, IX, 313).

Reliefs Bardin et photographies des Alpes dauphinoises, du Mont-Cenis et du Mont-Blanc, des Vosges, du massif de la Chartreuse (B, IX, XXXIX, XI, CXXXVI).

Géologie.

Aperçus géologiques sur les environs de Chambéry, par M. Billiet (A, I, 135).

Aperçus géologiques sur les environs de Chambéry, par M. le chanoine Rendu (A, VII, 185).

Lettre du même à M. Luc sur quelques points de géologie (A, VIII, 149).

Lettre du même à M. Lecoq (A, VII. 159).

Réponse de M. Lecoq à la lettre précédente (A, VIII, 165).

Analyse de deux Mémoires de M. Duplan sur la géologie des Alpes, par M. le chanoine Rendu (A, IX, XI).

Traits principaux de la géologie de la Savoie, par le même (A, IX, 123).

Théorie des glaciers de la Savoie, par le même (A, X, 39).

Résumé d'un travail sur la géologie des environs de Chambéry, par M. l'abbé Chamousset (A, XI, XIII).

Explication de la cause de l'éboulement du Mont-Grenier, et de l'étendue qu'il a eue, par le même (A, XI, XXIX).

Analyse d'un Mémoire sur la cause de l'extension qu'ont dû avoir les glaciers pour déposer les blocs erratiques, par M. le chanoine Rendu (A, XI, XXXV).

Réunion de la Société géologique de France à Chambéry (XII, LXXXV).

Discours d'ouverture de la séance publique donnée à l'occasion de la réunion de la Société géologique de France, par Mgr Billiet (A, XII, 319).

Note sur l'asphalte observé à Brison-Saint-Innocent, par M. Héricourt de Thury (B, I, XCII).

Note sur les cavernes observées à Brison-Saint-Innocent, par M. Héricourt de Thury (B, I, XCII).

Aérolithe tombé à Montagnole le 19 avril 1851, par M. Rabut (B, I, XCVI).

Discours sur le terrain anthracifère de la Savoie, par M. Pillet. — Réponse par Mgr Billiet (B, II, XIII).

Note sur les coquilles perforantes du bassin de Chambéry, par M. Vallet (B, II, 331).

Essai sur l'érosion pluviale étudiée dans le bassin d'Aix, en Savoie, par M. Pillet (B, II, 323).

Mémoire géologique sur la commune de Chanaz, par MM. Pillet et Girod (B, II, 335).

Observations sur la craie blanche des environs de Chambéry, par M. Vallet, et rapport de la commission sur ce travail (B, II, 403).

Description géologique des environs d'Aix, par M. L. Pillet (B, III, I).

Études sur l'infra-lias de Matringe et de la Maurienne, par M. Vallet (B, V, XXX[1]).

Études géologiques sur les Alpes de Maurienne, par M. L. Pillet (B, IV, 363).

Congrès géologique de Saint-Jean de Maurienne (B, V, XXXI[1]).

Grotte à ossements de Talloires, par M. L. Pillet (B, V, XXXIV[1]).

Nouveau système de cartes géologiques, par le même (B, V, CXXXIX[2]).

Rapport de M. le chanoine Vallet sur ce travail (B, VIII, II).

Ossements fossiles trouvés en Savoie, par M. Pillet (B, V, 207).

Rapport de M. Vallet sur ce travail (B, V, CXLVI).

Cartes agronomiques, par M. Pillet (B, V, XXII).

Description géologique des Bauges et des environs de Chambéry, par M. L. Pillet (B, VIII, 159, LXXIX).

Cartes géologiques, par M. L. Pillet (B, VIII, 71).

Note sur le caractère spécial et très remarquable des formations géologiques des environs de Chambéry, par M. Chamousset (B, VIII, 227).

Découverte de molybdate de plomb en Savoie, par M. Lachat (B, VIII, LXXII).

Carte géologique de la Savoie, par MM. Lory, Pillet, Vallet. — Note de M. Lory (B, X, LIX).

Recherches géologiques sur les parties de la Savoie, du Piémont et de la Suisse, voisines du Mont-Blanc, don de M. A. Favre, de Genève (B, XI, XXVIII).

Age géologique de quelques formations voisines de Chambéry, par M. L. Pillet (B, XI, CII, VI).

Note additionnelle à la description géologique des environs de Chambéry, et rapport de M. Vallet (B, XII, XXIX).

Recherches sur le jurassique de Lémenc, l'étage tithonique et l'assise de Rogoznick, par M. L. Pillet (B, XII, XXXIII).

Appel pour la recherche, la notation et la conservation des blocs erratiques en Savoie, par M. L. Pillet (B, XII, XXXIV).

Hauteur que le dépôt erratique a atteinte aux environs de Chambéry, par M. l'abbé Chamousset (B, XII, XLIII).

Note sur les dépôts erratiques des environs de Chambéry et sur les moraines, les traînées de blocs et les blocs isolés les plus remarquables de la Savoie, par M. Vallet (B, XII, XLIV).

Histoire des variations des cours de l'Isère et de ses affluents pendant les temps géologiques, par M. Lory (B, XII, XLVII).

Observations sur les fossiles de la Table, près de la Rochette, et sur ceux du col de la Madeleine, par M. L. Pillet (B, XII, LII).

Description géologique et paléontologique de la colline de Lémenc, par MM. L. Pillet et de Fromentel, avec atlas (C, IV, 69).

Études sur les terrains quaternaires de l'arrondissement de Chambéry, par M. L. Pillet (C, IX, 285).

Description d'une nouvelle espèce de carcharodon fossile, par M. Pillet (C, IX, 277).

Urgonien supérieur à Aix-les-Bains, par M. L. Pillet (C, X, 135).

Nouvelle description géologique et paléontologique de la colline de Lémenc, à Chambéry, par M. L. Pillet (C, XII, xxxv, 69).

Histoire.

Notice sur la vallée d'Aoste, par le comte de Loche (A, I, 237).

Mémoire sur Humbert aux Blanches-Mains, par M. le comte de Vignet (A, III, 259).

Notice historique sur l'église de Lémenc, près de Chambéry, par M. G.-M. Raymond (A, IV, 236).

Notice historique sur les Allobroges et sur les anciens habitants des contrées qui composent le duché de Savoie, par le chanoine Chuit (A, IV, 275).

Note historique sur saint Bernard de Menthon, par M. l'abbé Dépommier (A, III, 202).

Notice historique sur la vie et les travaux du P. Le Jay, natif d'Aise en Faucigny, par M. le chanoine Chuit (A, VI, 258).

Notice sur les abymes de Myans, par le docteur Gouvert (A, VII, 69).

Notice sur le village de Brios où mourut Charles-le-Chauve, par Mgr Billiet (A, VII, 265).

Observations sur quelques anciens titres conservés dans les archives des communes de Maurienne, par le même (A, VIII, 91).

Notice sur la peste qui a affligé le diocèse de Maurienne en 1630, par le même (A, VIII, 191).

Examen d'un travail inédit de M. le comte de Vignet sur le passage d'Annibal (A, IX, xxxiii).

Notes inédites sur la guerre des Espagnols en Savoie pendant la campagne de 1742, par M. l'abbé Bonnefoy (A, IX, 208).

De la marche des études historiques en Savoie et en Piémont depuis le XIVe siècle jusqu'à nos jours et des développements dont ces études seraient encore susceptibles, par M. L. Ménabréa (A, IX, 249).

Emmanuel-Philibert, par le baron Jacquemoud (A, IX, 363).

Montmélian et les Alpes, par M. L. Ménabréa (A, X, 159).

Matériaux historiques et documents inédits extraits des archives de la ville de Chambéry, par le marquis Costa de Beauregard (A, XI, 153).

L'abbaye d'Aulps, d'après des documents inédits, par L. Ménabréa (A, XI, 213).

Notes sur la léproserie de Sallanches et sur divers documents relatifs à l'histoire du Faucigny, par M. A. Bonnefoy (A, XII, XI).

Notice sur l'établissement de l'imprimerie en Savoie et sur les imprimeurs, livres imprimés à Chambéry et à Annecy, par MM. Ménabréa et Reynaud (A, XII, XV).

Communication de plusieurs documents inédits appartenant aux anciens monastères de la Savoie, par M. L. Ménabréa (A, XII, XXIX).

Notes sur la fondation des églises de Saint-Pierre, *subtus castrum*, et du couvent des Frères mineurs, aujourd'hui église métropolitaine à Chambéry, par le même (A, XII, XII et XXXIII).

Communication sur les archives de l'ancienne chambre des comptes de Grenoble, sur celles du canton de Lausanne et sur celles de la cathédrale et du chapitre de Saint-Ours, de la cité d'Aoste, par le même (A, XII, XXXV).

De l'origine, de la forme et de l'esprit des jugements rendus au moyen âge contre les animaux, avec documents inédits, par le même (A, XII, 399 . — Voy. Archéologie.

Conspiration d'Antoine de Sure, dit *le Gallois*, contre Amédée VIII, par le marquis L. Costa de Beauregard (B, I, XXX).

Guerre d'Amédé VIII contre Philippe Visconti, duc de Milan, par le même (B, I, XXXII).

Note rédigée par M. Dumollard, curé d'Apremont, à l'arrivée des Espagnols, en 1742 (B, I, xxxiv).

Note, par R[d] de Sirace, curé de Saint-Baldoph, sur le même sujet (B, I, xxxvii).

Registre des choses faites par très haulte et très excellente dame et princesse, Mme Yolande de France, duchesse de Savoie, par L. Ménabréa (B, I xl).

Copie rectifiée de la charte de 1011, par MM. Cibrario et Promis, par M. Pilot (B, I, xl).

Mémoire historique sur la commune de Macot, par l'abbé Bonnefoy (B, I, xli).

Note sur les franchises de Rumilly et leur modification en 1383, par M. Croisollet (B, I, xlii).

Sur le culte de sainte Agnès, par M. l'abbé Martigny (B, I, xliii).

Notice sur le monastère des Augustins déchaussés de Chambéry, par M. le chanoine Billiet (B, I, xiv).

Sur l'auteur de l'*Imitation de Notre Seigneur Jésus-Christ*, par M. le chanoine Pillet (B, I, xliv).

De l'organisation militaire au moyen âge, d'après des doments inédits, par M. L. Ménabréa (B, I, 179).

Documents pour l'histoire du duché de Milan, par le marquis Costa de Beauregard (B, II, x).

Journal de don Luc de Lucinge, par M. L. Pillet (B, II xiii).

Notes et documents sur la condition des juifs en Savoie, dans les siècles du moyen âge, par le marquis L. Costa de Beauregard. Rapport sur ce travail (B, II, 81-125).

Notice biographique sur le médecin Daquin, par le docteur Guilland (B, II, 171).

Quelques détails sur la suspension d'armes conclue à Cherasco, les 26 et 27 avril 1796, par le marquis L. Costa de Beauregard. — Rapport sur ce travail (B, II, 309).

Notice sur l'ancienne Chartreuse de Vallon, par M. L. Ménabréa (B, II, 241).

Notice sur François Bonivard, par M. le chanoine Magnin (B, III, 225).

Souvenirs du règne d'Amédée VIII. — Guerre de Lombardie et mariage de Marie de Savoie avec le duc de Milan, par le marquis L. Costa de Beauregard.

Bataille d'Anthon, surprise de Trévoux, conspiration d'Antoine de Sure, par le même (B, IV, 67).

Mémoire sur les premiers évêques du diocèse de Maurienne, par Mgr Billiet (B, IV, 227).

Note relative à la mort du comte Humbert III, par le même (B, IV, 341).

Notes historiques sur les Chartreuses de Vallon et de Ripaille, par M. de Foras (B, V, XVIII).

Tableau de Chambéry à la fin du XIVe siècle, par M. T. Chapperon (B, V, XII², XVI²).

Biographie de l'abbé de Saint-Réal, par A. de Foras (B, V, CXXIX²).

Notice biographique sur Philibert Simond, par Mgr Billiet (B, V, I).

Recherches sur le livre anonyme de Guichenon, par le marquis Costa de Beauregard (B, V, 59).

Marie-Louise Gabrielle de Savoie, reine d'Espagne, par le comte Sclopis (B. V, 139).

Histoire du Sénat de Savoie, par Eugène Burnier (B, VI et VII entiers).

Maison où sont nés Joseph et Xavier de Maistre (B, VIII, XXXI).

Collection de chartes et documents relatifs à l'histoire de Savoie, offerte par M. le marquis L. Costa de Beauregard (B, VIII, X).

Détails sur l'exécution du président de Fésigny, par M. T. Chapperon (B, VIII, LXXV et LXXXI).

Histoire des fiefs de Savoie, par M. T. Chapperon (B, VIII. — Candie, LXXXVI. — Saint-Michel des Déserts, XCII. — Montgellaz, CV. — De Bonnet, IX, XIII. — Des Charmettes, XIV. — De Chanaz, XVI. — De Challes, XVI. — Saint-Vincent, XXVIII. — De la Croix, XXVIII. — De Saint-Vincent, XXX. — Des Cueillettes, XXX. — De Salins, XXXI. — De Vermont, XLI. — De la Biguerne, XLI. — De Buisson-Rond, XLVII. — De Montgex, XLIX. — Des Marches, LII. — D'Apremont, XCI. — De Bassens, CIV. — De Bressieux, CIV. — De Puisgros, CV. — De Donjon, CX. — De Saint-Cassien, CXI. — De Méry, CXV).

Rapport de la commission sur la notice de Bartholomé Ruffin, par Rippa di Meana (B, VII, LXXXIX).

Concours de la Sorbonne, rapport sur les Sociétés savantes de Savoie, extrait du *Journal des Sociétés savantes* (B, VIII, CVII).

Restitution des archives de la Savoie, par le gouvernement d'Italie (B, VIII, CVIII-CXI).

Projet de Mémoire à adresser au ministre de l'intérieur (B, VIII, CXIII).

Interdit mis sur Chambéry et les lieux environnants par suite de l'arrestation de Guy de Fésigny, à cause de sa qualité de clerc, par M. T. Chapperon (B, VIII, CXI).

Établissement et premières acquisitions de la Maison de Savoie dans l'Helvétie Romane, par M. E. Secrétan (B, VIII, 90).

Essai sur la vie et les écrits de Bertholomé Ruffin, par M. Rippa de Meana (B, VIII, 133).

Jacques de Montmayeur, étude historique, par M. T. Chapperon. — Rapport de M. le marquis d'Oncieu sur cette étude (B, VIII, 231).

Alésia à Novalaise, par M. Fivel (B, IX, XXVI).

Généalogie de la famille Amblard, par M. A. de Foras (B, IX, XLV).

Pie VII, sa translation de Savone à Fontainebleau, par M. le docteur Claraz (B, IX, XLIII).

Armorial de Savoie, 4e livraison, les seigneurs de Briançon et leur péage, par M. A. de Foras (B, IX, XCIV).

Documents nouveaux relatifs à la généalogie de la Maison de Savoie, par M. le marquis d'Oncieu (B, IX, XCVII).

Souvenirs inédits de la jeunesse de Charles-Albert, par le marquis A. Costa de Beauregard (B, IX, CVIII).

Mémoires sur les hospices de la ville de Chambéry, par M. le marquis de Travernay (B, IX, CXXIX).

Histoire de Savoie, par M. Victor de Saint-Genis, rapport la commission (B, X, XIV).

Documents et manuscrits recueillis par le marquis L. Costa de Beauregard, mis à la disposition de l'Académie par son fils Albert. — Rapport du marquis d'Oncieu sur leur publication (B, X, XVI-XX).

Une famille au XVIe siècle ; note biographique sur la famille du Laurens, par M. Chapperon (B, X, XLII).

Documents sur les finances et leur organisation à diverses époques de la Savoie, par M. le marquis d'Oncieu (B, X, XLVII).

Histoire hagiologique du diocèse de Maurienne, par M. l'abbé Truchet ; rapport par M. l'abbé Trepier (C, X, LXXI).

Recherche sur les œuvres de Xavier de Maistre, par M. E. Naville, de Genève (B, X, LXXIX).

Saint-André et les Abymes de Myans, par M. l'abbé Trepier (B, X, LXXIX).

La Sainte-Chapelle du château de Chambéry, par M. A. de Jussieu (B, X, 65).

Notice sur les œuvres de Xavier de Maistre, par M. Naville (B, X, 323).

Inutilité des instances pour obtenir la remise des archives de Savoie, transportées à Turin (B, XI, LXXXII).

La Chartreuse de Saint-Hugon, par E. Burnier. — Rapport de M. le marquis d'Oncieu (B, XI, CXXIII, 1).

Histoire de l'origine et des progrès de la dévotion à N.-D. de Myans, par l'abbé Trepier (B, XI, CXXXIX).

Suite des réclamations pour la restitution de nos archives nationales (B, XII, LXX).

Commission chargée de la réunion et de la publication des titres et des documents anciens (B, XII, LXXIII).

Cartulaire du prieuré de Chamonix offert à l'Académie par M. Bonnefoy, de Sallanches ; vote de son impression (B, XII, LXXIII).

Franchises et libertés de la ville de Cusy en Genevois, par M. le comte de Foras (B, XII, LXXVIII).

Recherches historiques sur le Décanat de Saint-André, par M. l'abbé Trepier (B, XII, LXXX).

Jean de Mure, docteur de Sorbonne, ou un Savoyard méconnu au XIVe siècle, par l'abbé Trepier (B, X, LXXX).

Immunités et exemptions de tailles accordées par le comte de Savoie à la famille des Granges (1206), par M. le marquis d'Oncieu (B, XII, CVIII).

Comptes des syndics de Chambéry, de 1348 à 1400, par MM. Eug. d'Arcollières et le marquis d'Oncieu (B, XII, CIX).

Les Bonivard et les Blonay, lecture par M. A. de Foras (B, XII, CXXVI).

Histoire de l'abbaye d'Hautecombe en Savoie, avec *pièces justificatives* inédites, par M. Cl. Blanchard (C, 1 vol. entier).

Histoire de l'instruction primaire en Savoie, par M. A. de Jussieu (C, IV, 201).

Étude historique sur la Révolution et l'Empire en Savoie. — Le général Dessaix, sa vie politique et militaire, par André Folliet (C, V, 29).

Recherches historiques sur le Décanat de Saint-André (de Savoie), et sur la ville de ce nom, par M. l'abbé Trepier (C, VI, tout le volume).

Recherches historiques sur le Décanat de Saint-André (de Savoie), suite et Doc., vol, V tout entier, *pièces justificatives* (C, VII, tout le volume et XI, XVIII).

Le Père Monod et le cardinal de Richelieu, par MM. Dufour et Rabut (C, VIII, 17).

Six mois de l'année 1593. — Quelques pages intimes du règne de Charles-Emmanuel Ier, par M. d'Arcollières (C, VIII, 203).

La mission du seigneur de Barres, engagé extraordinaire de François Ier, roi de France, à la cour de Charles III, d'après des documents inédits, par le baron Gaud-Claretta (C, VIII, 347).

Notice sur la fabrique de faïence de la Forest, par M. le comte de Loche (C, VIII, 377).

Réplique aux brochures de M. le chanoine Truchet et de Dom Cyprien-Marie Boutrais, touchant le bienheureux Ayrald, par M. Trepier (C, IX, XVIII).

Histoire du prieuré de Sainte-Marie et de la collégiale d'Aix, par M. le comte de Loche (C, IX, XVIII).

Monographie historique de la bibliothèque de Chambéry, par M. Barbier (C, IX, 97).

Antoine Champion, chancelier de Savoie, et sa famille, par M. de Mareschal de Luciane (C, X, XXII, 117).

Note sur les derniers moments du poète Marc-Claude de Buttet, par le comte d'Oncieu de La Bâtie (C, X, 347).

Petite chronique d'un habitant d'Annecy, de 1598 à 1626, par M. L. Pillet (C, X, 469).

Histoire des Bauges, par M. Morand (C, X, XXI).

Le livre-journal du Sénat de Savoie, par M. Cl. Blanchard (C, X, XXIV).

Dom François-Bertrand de La Pérouse, par M. L. Pillet (C, X, XXVII).

Documents relatifs au prieuré et à la vallée de Chamonix, par M. Perrin (C, X, XXX).

Marguerite d'Autriche, par M. l'abbé Morand (C, X, XXXIX).

Sainte Marie-Égyptienne à Chambéry, par M. Perrin (C, X, XXXIX).

Jean de Tournes et le sieur de La Popelinière, par M. d'Arcollières (C, X, XLI).

Le catalogue du médailler de Savoie, par M. A. Perrin (C, X, XLII).

Le droit du Seigneur, de M. le comte A. de Foras (C, X, XL).

Le Blason, du même (C, X, XLIV).

Le comte Humbert Ier aux Blanches-Mains, par le même (C, X, XIX et 1).

Les premiers habitants de la vallée de Chamonix, par M. Perrin (C, XI, XXIV).

Le mariage de Victor-Amédée Ier avec Marie-Christine de France, par M. Blanchard (C, XI, XXIV).

États généraux de Savoie du 19 mai 1546, par M. de Mareschal de Luciane (C, XI, XXXVII et 403).

Aliénation des bijoux et de la vaisselle de Charles III, par M. Morand (C, XI, XL).

La chronique de l'abbaye d'Ainay, M. Guigue, par M. A. Perrin (C, XII, XVIII).

Le grand cartulaire d'Ainay, MM. de Charpin et Guigue, par le même (C, XII, XXIII).

Histoire de la vallée et du prieuré de Chamonix, par M. Perrin (C, XII, XXIII).

Notes pour la guerre de Savoie, dom Luc de Lucinge, par M. Pillet (C, XII, XXVII et 1).

Neutralité de la Savoie du nord, par M. le comte Greyfié (B, VII, CLV).

Documents historiques.

Chroniques de Yolande de France, duchesse de Savoie. — Documents inédits recueillis et mis en ordre par Léon Ménabréa (série D., vol. I, tout entier).

Chartes du diocèse de Maurienne, par Mgr Billiet (D, II, tout entier).

Le prieuré de Chamonix. — Documents recueillis par M. Bonnefoy, publiés et annotés par M. A. Perrin (D, III et IV, tout entiers).

Catalogue du médailler de Savoie, par A. Perrin (D, V, tout entier).

Recherches historiques sur le Décanat de Saint-André. — *Pièces justificatives*, par M. le chanoine Trepier (D, VI, tout entier).

Histoire naturelle et physique.

Mémoires sur les tremblements de terre ressentis en Savoie, par Mgr Billiet. — Rapport de la commission sur ce travail (B, I, XC, 245, 283).

Observation sur les mœurs et les habitudes des oiseaux en Savoie, par M. Bailly (B, I, 41).

Apparition du Martin-Roselin, merle rose, en Savoie, 1871, par M. Bailly (B, XII, LIV).

Voy. Botanique.

Industrie.

La Savoie industrielle, par M. V. Barbier (C, vol. II et III, tout entiers).

Notice sur la fabrique de faïence de la Forest (C, VIII, 377).

Législation.

Réforme du régime des prisons, par M. Pillet Maurice (B, I, LXXIV).

Patronage des jeunes détenus et des jeunes libérés en Savoie, par M. L. Pillet (B, III, 357).

Utopie pour la réforme de la procédure civile, par le même (B, V, 159).

Mathématiques.

Mémoire sur la nature et la signification de l'expression analytique générale $\frac{a}{o}$, par M. G.-M. Raymond (A, I, 170).

Quelques notes relatives à la théorie analytique des lignes du second degré et à celle des surfaces du premier et du second ordre, par le même (A, V, 140).

Notes sur la machine analytique de Charles Babbage, par M. Louis Ménabréa (A, XI, XXXIX).

Courbes du second degré, démonstration de la loi fondamentale que la tangente à l'ellipse, à la parabole et à l'hyperbole partage toujours en deux parties égales l'angle fourni par les rayons vecteurs partant des deux foyers, par M. le chanoine Chamousset (B, VIII, XXVII).

De la mesure des courbes et de la mesure des surfaces et des volumes, soit de révolution, soit des corps à section constante, par le même (B, IX, LXXII).

Mesure des lignes courbes planes, considérations, par le même (B, X, XL).

Théorie des courbes concentriques parallèles et inverses complémentaires, par le même (B, XI, LXXXVI).

Propriété remarquable du mouvement d'une tangente qui tourne sur une courbe et dans son plan, sans glisser, par le même (B, XI, CVII).

Transformation d'un mouvement alternatif, même irrégulier, en un mouvement de rotation continu et régulier appliqué à diverses machines, par MM. Maigrot et Jacquet (B, XII, LVI).

Mesure du volume de la tranche obtenue en coupant par deux plans parallèles une surface réglée de nature quelconque, par M. Haillecourt (B, XII, LXII).

Médecine.

Précis historique de l'introduction et de la propagation de la vaccine dans le duché de Savoie, par M. Gouvert (A, I, 196).

Notice sur la constitution agricole et médicale du duché de Savoie, par le même, en 1825, (A, II, I. — En 1826, III, I. — En 1827, IV, 27. — En 1828, V, 15. — En 1829, V, 56, En 1830, V, 96. — En 1831, VI, 17).

Mémoire et observations sur les engorgements squirreux des seins et des testicules, par le même (A, II, 285).

Considérations générales sur l'utilité de la saignée, par opposition au préjugé qu'on a trop répandu contre elle en Savoie, par le même (A, IV, 89).

Quelques considérations sur l'unité de la science de l'homme, envisagée comme objet de l'art de guérir, par le même (A, V, 206).

Mémoires sur les marais en Savoie, considérés sous le rapport de l'hygiène, par le même (A, VI, 43).

Précis de la topographie médicale sur la vallée qui s'étend de Chambéry au lac du Bourget, et particulièrement sur la commune de la Motte-Servolex, par le même (A, VI, 114).

Recherches toxicologiques médicales et pharmaceutiques sur la grande ciguë, par M. F. Fodéré (A, VII, 39).

Rapport sur le Mémoire de M. le professeur Buniva et de ses collaborateurs, touchant la doctrine homéopathique du docteur Hanemann, par M. Gouvert (A, VII, 39).

Hypertrophie de la langue, observée à l'Hôtel-Dieu de Chambéry en août 1834, par M. Rey (A, VII, 37).

Notice sur la question suivante : Pourquoi la mortalité des nouveaux-nés est-elle plus grande en hiver qu'en été, et quels sont les moyens d'y remédier, par le docteur Gouvert? (A, VIII, 167).

Courte notice sur la fièvre intermittente catarrhale, généralement désignée sous le nom de grippe, qui a régné à Chambéry au commencement de l'année 1837, par le même (A, IX, 101).

Expériences sur l'action de l'ergotine dans les hémorragies externes, par M. J. Bonjean (A, XII, LXXVI).

Traité théorique et pratique de l'ergot de seigle, par le même (A, XII, I).

De la cause de l'insensibilité produite par l'inspiration des vapeurs éthérées, par le docteur Revel (B, I, 227).

Effets de l'éther, par le docteur Rey (B, I, LXXXII).

De la diathèse cancéreuse, par le docteur Carret (A, I, LXXXIII).

De la luxation de la première sur la deuxième vertèbre du cou, par M. le docteur Revel (B, I, LXXXIV).

Observations topographiques médicales, etc., recueillies sur les bords de la Plata, par M. le docteur Sonnet (B, I, XCIV).

Épidémie de Vimines, par M. le docteur Carret (B, V, XXIX[1]).

Épidémie de la Visitation, par le même (B, V, XXIX[1]).

Insalubrité des hôpitaux, ventilation, par le même (B, V, XXIX[1]).

Du traitement de l'embolie pulmonaire, par le même (B, V, IX).

Opération du pied-bot, par le même (B, IX, LIX).

Séquestres extraits d'un crâne et d'une jambe, par le même (B, IX, LXXV).

Anesthésie locale, par le même (B, IX, LXXXIII).

Opérations de la cataracte, par le même (B, IX, XCV).

Emploi de l'ophtalmoscope, par le même (B, IX, CXXIV).

Corps extraits de divers orifices naturels du corps humain, par le même (B, XI, CXXXVIII).

De la fièvre épidémique à l'île Maurice, lettre de M. E. Casaubon (B, XII, LXIII).

De la fréquence du bégaiement en Savoie, lettre de M. Chervin aîné (B, XII, XLV).

Hygiène de la vue, par le docteur Dumaz (C, IV, 507).

Notice historique sur les eaux de la Boisse, par le docteur Carret (C, VIII, 257).

La fièvre intermittente dans la vallée de Chambéry, par M. le docteur Masson (C, IX, I).

Caractères qui distinguent le typhus des fièvres typhoïdes, par le docteur Carret (C, IX, XVIII).

Les aliénés en Savoie, par Marie Girod (C, X, 145).

Le groupe des eaux minérales d'Évian-les-Bains et les carrières de Meillerie, par M. Descostes (C, X, 425).

Rapport de la commission sur le Mémoire ci-dessus (C, X, 463).

Météorologie.

Mémoire sur les causes de l'irrégularité des vents dans la partie inférieure de l'atmosphère, par M. l'abbé Rendu (A, I, 120).

Notice sur la situation géographico-topographique de la ville de Chambéry, par M. G.-M. Raymond (A, II, 269).

Résumé des observations météorologiques faites à Chambéry, par M. le chanoine Billiet, en 1822 (A, I, 128).
— — en 1823 (A, II, 234).
— — en 1824 (A, II, 139).
— — en 1825 (A, II, 244).

Table du lever et du coucher du soleil à la latitude de Chambéry (A, II, 265).

Observations sur les causes de la dégradation des terrains inclinés, particulièrement dans le bassin de Chambéry, etc., par M. le docteur Gouvert (A, III, 37).

Note sur la hauteur de Chambéry au-dessus du niveau de la mer, par M. G.-M. Raymond (A, III, 485).

Mémoire sur la nature des vapeurs aqueuses et sur la formation de la grêle, considérée par rapport aux paragrêles, par M. l'abbé Genevois (A, IV, 157).

Des brises périodiques dans les vallées des Alpes, par Mgr Billiet (A, XI, I).

Élévation de Chambéry au-dessus du niveau de la mer, par M. Chamousset (A, XI, 24).

Hypsométrie du diocèse de Maurienne, soit du bassin de l'Arc, depuis Montmélian jusqu'au Mont-Cenis, par MM. les chanoines Billiet et Gravier (A, XI, 93).

Observations sur la quantité de pluie tombée à Chambéry, depuis le commencement de 1829 jusqu'au mois d'août 1842, par M. Chamousset (A, XI, 101).

Tableau des tremblements de terre observés à Saint-Jean de Maurienne en 1839, par M. le docteur Mottard (A, XI, 349).

Notice historique sur quelques inondations qui ont eu lieu en Savoie, par Mgr Billiet (B, III, 143).

Effets produits par un coup de foudre, par M. Bonjean (B, I, 317).

Rectification de la longitude d'Albertville dans l'annuaire du bureau des longitudes, par M. Haillecourt (B, XII, LXI).

Pédagogie.

La méthode orale pure, ou l'enseignement de la parole aux sourds-muets, uniquement par la parole, par le docteur Carret (C, IX, XXXIII).

Philosophie.

Observations critiques sur le système de Bailly, touchant l'origine des arts et des sciences, par G.-M. Raymond (A, I, 260).

Observations sur le principe philosophique de Lamennais, touchant le fondement de la certitude, par le même (A, II, 65).

Dissertation sur la doctrine du sens commun, considéré comme fondement de la certitude, par M. le chanoine Dépommier (A, V, 280).

Nouvelle dissertation sur le principe d'action chez les animaux, par M. G.-M. Raymond (A, VI, 177).

Observations faites au sujet d'un système sur l'origine des êtres organisés et en particulier sur celle du genre humain, par le même (A, VII, 138).

Physique.

De la translucidité apparente, par M. le comte de Loche (A, II, 252).

Extrait d'une lettre de M. l'abbé Rendu à M. Biot, professeur de physique mathématique au collège de France, sur quelques phénomènes magnétiques (A, III, 100).

Réponse de M. Biot à M. Rendu (A, III, 104).

Seconde lettre de M. Rendu à M. Biot (A, III, 106).

Note sur la cause de la mobilité apparente du regard dans les yeux d'un portrait, par M. G.-M. Raymond (A, III, 109).

Analyse d'un Mémoire de M. Saint-Martin sur les affinités électriques (A, IV, 7).

Poids et mesures.

Mémoire sur un nouveau calcul des latitudes du Mont-Jouy et de Barcelone, pour servir de supplément au traité de la base du système métrique, par M. J.-N. Nicollet (A, III, 127).

Notice sur les poids et mesures du duché de Savoie, sur leur comparaison et celle des principales mesures du Piémont avec les poids et mesures métriques ; suivie d'un appendice sur les principales mesures de quelques pays voisins, et sur le jaugeage et la fabrication des tonneaux usités dans le pays, par M. G.-M. Raymond (A, IX, I).

Prix.

Voy. dons faits à l'Académie.

Statistique.

Mémoire sur le mouvement de la population dans le diocèse de Maurienne, de 1810 à 1830 (A, V, 255).

Traité numérique des personnes qui, nées en Savoie depuis l'an 1000 jusqu'en 1790 inclusivement, ont laissé des preuves de leurs succès dans les lettres, les sciences et les arts, par M. le chanoine Chuit (A, V, 125).

Mouvement de la population dans le diocèse de Maurienne, par Mgr Billiet (A, XII, 337).

De l'instruction primaire dans le duché de Savoie, par le même (A, XII, 351).

Études sur l'administration de la justice en Savoie, par M. L. Pillet (B, I, 189).

Observations sur le recensement des personnes atteintes du goître et du crétinisme, par Mgr Billiet (B, I et II, 215).

Recensement des aliénés existant en Savoie en 1860, par le même (B, II, 207).

TABLE ALPHABÉTIQUE
DES MATIÈRES

CONTENUES DANS LES TRENTE-SIX VOLUMES DES TROIS PREMIÈRES SÉRIES DE MÉMOIRES ET DANS LES SIX PREMIERS VOLUMES DE DOCUMENTS

Publiés par l'Académie des Sciences, Belles-Lettres et Arts de Savoie.

TABLE ALPHABÉTIQUE DES MATIÈRES

CONTENUES DANS LES TRENTE-SIX VOLUMES DES TROIS PREMIÈRES SÉRIES DE MÉMOIRES ET DANS LES SIX PREMIERS VOLUMES DE DOCUMENTS

PUBLIÉS PAR L'ACADÉMIE DES SCIENCES, BELLES-LETTRES ET ARTS DE SAVOIE

Les lettres A, B, C, indiquent la série des Mémoires; D ou Doc., les documents. Les grands chiffres romains le volume de la série ; les petits chiffres romains renvoient aux pages des *comptes-rendus* en tête des volumes à pagination romaine ; les chiffres arabes aux pages des volumes.

A

C

D

E

F

G

I

J

L

M

P

R

S

T

U

V, W

Z

Chambéry. — Imprimerie Savoisienne, 5, rue du Château.

SCIENCE
ET
L'ETUDE
FAIT

www.ingramcontent.com/pod-product-compliance
Ingram Content Group UK Ltd.
Pitfield, Milton Keynes, MK11 3LW, UK
UKHW020428200726
13857UKWH00002B/332

9 782012 551251